TRAFFIC WAR

流量战争

通往流量自由之路

Gina

陈芳芳◎著

团结出版社
UNITY PRESS

图书在版编目（CIP）数据

流量战争 / 陈芳芳著. -- 北京 : 团结出版社,
2024.1
ISBN 978-7-5234-0803-2

Ⅰ.①流… Ⅱ.①陈… Ⅲ.①网络营销 Ⅳ.
①F713.365.2

中国国家版本馆CIP数据核字(2024)第021931号

出　　版：团结出版社
　　　　　（北京市东城区东皇城根南街84号 邮编：100006）
电　　话：（010）65228880 65244790
网　　址：http://www.tjpress.com
E-mail：zb65244790@vip.163.com
经　　销：全国新华书店
印　　刷：河北盛世彩捷印刷有限公司
装　　订：河北盛世彩捷印刷有限公司
开　　本：145mm×210mm　32开
印　　张：6.5
字　　数：125千字
版　　次：2024年1月　第1版
印　　次：2024年1月　第1次印刷
书　　号：978-7-5234-0803-2
定　　价：79.00元

自 序

只要足够坚定，世界就会从了你

处女座的我，热爱探索真理与颠覆传统，耳边从来不缺质疑声，但我永远相信只要我足够坚定，世界就会从了我。

许多人认为我命好，而事实是我出生仅7个月，便被亲生父母送人。8岁，当其他孩子还在向父母撒娇时，我就明白，唯有独立自强，才能掌握命运。

18岁的我无比渴望外面的世界，我努力成为一名空姐，4年的全球飞行，开阔了我的眼界，丰富了我的世界观。

同时我也看到了中国美业和国际美业的巨大差异，国外鲜少看到中国美业品牌，而国内所有的商场和流量的C位大部分都是国际大牌。当时我就萌生了一个念头，有朝一日我若创业，一定要让世界看到中国美业。

2017年，我在深圳南山区一个108平方米的房间，创办"蓝蒂蔻"半永久工作室，带着我的几个学生，我们最高峰一个月能做120万业绩。短短一年半时间就开了7家直营店，并且深圳的每家店在那个时候都是大众点评、美团的好评榜第一名，并常年霸榜。

2019年，我开始做自己的招商加盟，一场加盟会招了38家加盟店，2020年之前，我还计划着第三年再扩张60家店，结果突如其来的疫情把我给打蒙了。那时，我在深圳最小的店300平方米，最大的会所1300平方米，每家店房租成本大概在6万到15万，损失很大。

极速的扩张让缺乏品牌商业认知和管理经验的我，紧接着经历了门店倒闭，投资失败。我遭受了诋毁、谩骂，甚至合伙人的背叛。那是我人生的至暗时刻，创业没有让我认输，而人性的丑陋，却令我一蹶不振。

当所有人都在准备看我笑话的时候，我的内心始终有一个坚定的声音："我要赢。"赢不是为了得到他人的认可，而是想要告诉全世界：只要足够坚定，世界就会从了我。

我开始不顾一切花数百万学费来拼命学习，甚至连家人和朋友都觉得我走火入魔了。在不断学习和行动中，我的企业开始扭亏为盈。

疫情期间，很多美业人陷入了恐慌，而已具备缜密商业思维的我却异常冷静。我带着美甲师、美睫师、纹绣师、皮肤管理师，开始做抖音，学习拍短视频，学习做直播，做到小有成就，随后很多人找我们来学习。

于是，我立即带领团队转型线上并启动了"蓝计划"，成立新美业互联网教育平台，把历年学习的所有干货赋能给美业同行，因为我深知唯有学习才能改变美业人的命运。

学员们觉得我们线上抖音团队很强大，甚至有很多专业的摄影教学机构的人也来跟我们学，他们想不明白为什么学生喜欢在我们家学，学完以后才明白是因为我们真正做到了把小白教会做线上运营。

我们的摄影师，都是曾经的美甲师、美睫师、脱毛高手。

我们就是手艺人，走进了互联网，我们用美业的语言，教像我们一样的人做线上。而那些专业做线上的机构，他们讲高大上且专业的词，很多人反而听不懂，因为他们把简单的事情做复杂了。

2023年，我们开始做垂直于美业的产业项目孵化，专注于赋能美业创业者，帮助传统美业实现互联网线上转型，一站式为他们解决线上流量问题、线下经营管理问题以及人才培育问题。我们从企业战略定位、产品设计、营销打法、股权设计、组织架构、薪酬绩效、目标拆解等全维度赋能，助力企业实现自动化运转。

所以，短短两年时间内，我们全网就拥有超300万粉丝，至今举办超100场峰会，孵化学员5万+，已帮助上万名学员通过短视频打造IP账号，孵化粉丝累积近1000万，学员来自全国150座城市，甚至遍布新加坡、加拿大、美国，以及东南亚国家和地区，这让我们在国际上开始崭露头角。

这一切没有任何专业机构参与运作，全是我们这群纯粹的手艺人自己摸索出来的。5年前火的大众点评和美团，我们霸榜这两个平台的美业领域排名；如今抖音火得不行，我们则在抖音美业领域独占鳌头。可能再过5年，流行的又是其他平台，但我并不担心会错过风口。

我们用获取流量和经营管理能力，孵化出蓝蒂蔻服装高定品牌。服装品牌刚刚推出一个多月，抖音上我们就卖了将近300万业绩，加上线下，能做到400万业绩。2023年服装领域目标要求保底完成4000万，合理目标5000万，冲刺6000万。我们从没有做过服装行业，但如今跨行做得也挺好。

不仅如此，我们还推出美甲品牌Pink Banana，不限款不限色，只要49块钱。慢慢地，我们也有了护肤品品牌、医美项目等。我从2023年正式转型为美业投资人，只要你有好的团队、好的产品、好的项目，我们都可以为你赋能。这就是以教育为入口，挖掘筛选优质的团队和品牌，通过一对一定制化入企服务与蓝蒂蔻的"流量+经营管理理念"赋能，助力更多美业人的企业成为引领下一个美业时代的新品牌。

这几年，我特别庆幸自己选择了创业，创业把我磨炼成今天的模样。创业不是自己跟团队中的人钩心斗角，而是自己跟市场竞争，跟行业竞争，跟同行竞争，跟对手玩优胜劣汰的游戏。人生如戏，演好自己的角色，我才能一路从"答应"变成"钮祜禄·吉娜"。

很多人觉得今天的我已经处于高光时刻了，可我觉得今天的我才刚从起点出发，未来不可想象，而这份自信来自我知道自己做了什么，付出了什么。

今天的蓝蒂蔻已成为美业领航者，站在时代的舞台中央。我想告诉所有的美业人："美业不是服务行业，而是时尚行业。"唯有审美+专业，才能让美业人立足于这个时代。

我更想告诉所有的美业人，蓝蒂蔻不仅是一个美业品牌，更是一种倔强、永不服输的骑士精神，我走过你们所有走过的路，我更懂如何让你们和我一样，通过系统、专业的商业思维，活在流量，赢在后端，成在布局。

未来的蓝蒂蔻，将成为全美业人的沃顿商学院，我们一起携手同行，让世界看到中国美业的力量，我是Gina，蓝蒂蔻创始人，一个立志改变美业潮流，美业里最懂流量的实战派商业导师。

引言一

新美业时代

这是一个最好的时代，也是一个最坏的时代；这是一个赢家通吃的狂欢时代，也是一个进退存亡的冰冷时代；这是一个攻城略地的颠覆时代，也是一个凤凰涅槃的新生时代。

最近这些年，宏观经济形势正在发生剧烈的变化，尤其是2019年到2020年，中国进入万元美元社会，这意味着中国经济从制造业驱动正式转向了服务业驱动的模式。社会的形态会倾向于以女性为主的"她时代"，这样的社会中，审美和消费升级会趋向女性价值观，消费理念已经不是生存型消费，而是在向享受型消费进行转变，更愿意为美好的事物付出更高价格。

美业在过去快速扩张，产生了许多职业，比如美甲师、美睫师、美发师、美容师等，只要你肯努力，年收入基本上在10万到100万，技能积累回报率非常高。2022年，中国生活美容行业市场规模高达6861亿元。

快速扩张的还有医美行业，从全球来看，进入21世纪以后，医疗美容行业已成为仅次于汽车业和航空业的第三大产业。《2017中国医美行业白皮书》显示，2017年中国医美增速超40%，总量超1000万例，这标志着中国正式成为仅次于美国的全球医美第二大国。

行业扩张下，都是财富的赛道。

随着互联网的普及，信息差几乎为零，这几年更多高学历、高认知的人以及资本纷纷进入这个赛道，美业的增长越来越不容易。更重要的是，打败你的并不是你以为的竞争对手，而是新生代的消费方式正在改变商业模式。在这个巨变的时代，时代洪流会改变你我的人生。

所以，对美业趋势的预判要不断地修正，从今天起，管理好你对财富的预期，美业激情澎湃的扩张时代谢幕了。

这些年我持续学习和实践，再加上对社会现象的洞察，总结出新美业时代的几个新趋势。

第一：品牌化

各行各业从生产力的竞争已经转变到品牌化的竞争，品牌化是中国美业未来的发展趋势。品牌化本质上是差异化的体现，想做好品牌，就需要抢占客户的心智。品牌化与差异化策略相关，而不是与规模、成本较低相关。只有客户认同你的产品和服务的差异化，符合他们的价值主张，你的品牌化力量才得以建立。

如果你没有差异化，就会完全陷入竞争市场，你的竞争对手足够多，你就只能打价格战，而打价格战的结果就是没有人能够赚到钱，所以你的利润高低是和品牌差异化成正向关系的。

一句话，做品牌的本质，就是要做出差异化，获得持久的声誉。这样你才能鹤立鸡群，拥有超级用户。

第二：细分化

互联网信息多元化的到来，让新生代更明确自己的需求与标准，更有自己选择品牌的价值主张。客户需要你比过去任何时候都懂他，而且他们的需求也在细化，由此会选择更细分的美业门店，所以美业的服务一定要考虑客户的细分化需求。

新美业时代，你需要思考到底靠什么来赢得市场，比如你是半永久美容专家还是皮肤管理专家，是养生按摩专家还是减肥瘦身专家等。

而信息化、数字化、智能化技术的进步，使品牌能够提供细分化服务，甚至为个人化的解决方案提供可能性。

第三：数字化

据统计，在"十四五"规划纲要中，"数字化"这个词出现过25次，还有其他相关词，比如数字社会、数字孪生、数字技术等，出现了几十次。

请注意，"数字化"不是我们这代人熟悉的"信息化"。

信息化的核心是互联网，强调的是把信息连接起来。而数字化则要深入得多，数字化的核心是人工智能，它强调的是用数字化来驱动整个企业的变革。

随着社会发展，美业将迎来数字化升级，管理工具和营销工具的技术都会快速迭代，使用AI、SASS、CRM等数字化系统提高效率。

在我看来，美业数字化是所有美业品牌提升效率的必经之路。对你的企业来说，如何把这些年沉淀下来的业务系统搬到数字世界，如何提升美业人的数字化管理能力，这不是选择题，而是一道必答题，答错了或答慢了，都是在后退。

第四：人才专业化

很多美业人跟别人说"我是美的创造者，我是美的传播者，我从事全球美业"，却连自己的体重都管不住。如果你做的是房地产行业、餐饮行业等其他行业，你可以对自己的美没有要求，但是如果你选择了美业，那么你一站出来，就要让别人觉得你看上去像个美业人，这是对美业这个行业最基本的尊重。

所有没有审美的人从事美业，就是屠夫给人看病。你需要研究怎么把自己变漂亮，需要亲自试过所有的项目，学习所有的护肤知识、风格美学、骨相美学和皮下神经系统知识。我们每一个美业人都应该先把自己当成试验品，为客户试过所有你认为专业的产品，是因为真心觉得有效果才推荐给客户。美业人一定要活成美的代表、时尚的代表。

而你的企业想从小企业成长为大企业，那么人才一定要专业化，这需要系统的人才战略体系。

接下来，谈谈我希望为美业做的事。

第一：视觉审美升级

飞4年国际航班的经历对我的影响很大，法国、意大利、美国等我都去过，我属于那种看过世界的人，所以大家能看到我在穿着打扮、色调的搭配上都是相对国际化的。揽世界，入眼界。作为创业者，我们要成为客户的指路明灯，秉承着对行业的热爱和执着，以高质量的产品和服务来展现人生的态度，帮助大家提升视觉审美。

第二：人才进化赋能

新美业时代到来，很多美业人处在各种各样的创业困境中。

比如创业多年，营业额不增反减；市场迭代飞速，总感觉下一个被淘汰的就是自己；经营管理不到位，员工做事完全无条理；感觉下属做事不力，自己总是亲力亲为；没有流量客户，利润不高，引流越来越难，想做抖音却不知如何下手。这些问题都能解决。《流量战争》会帮助你实现能力突破、事业突破和人脉突破，我们也有助教一对一陪你成长。

第三：系统化思维赋能

不要从别人口中了解蓝蒂蔻，因为我们的品牌经营是一个系统而复杂的整体，从定位到品牌，从品项到卡项，从股权到人才，从组织到薪酬，从流量到营销，从数据到预算，对蓝蒂蔻的认识并不全面。

经营管理是一套系统知识而不是某一个碎片化的知识，每一个知识互为衔接，环环相扣，顺序不能错，逻辑更不能乱。而我会帮助你踏踏实实做好系统闭环，跨越流量风口，构建商业底层，构筑美业美好未来。

第四：教育赋能

我们用教育赋能美业，专注于帮助美业人转型做互联网线上。

每一个老板都是集团的代言人，公司最好的形象代言人就是老板自己，你所经营的并不是企业，而是你自己。

老板应该成为企业化和社会化的明星，老板个人的形象定位、上台演讲的语音、语速、语调，言谈举止，待人接物，一切都得按明星的标准去包装，打造商业领袖形象，有自己一套独有的使命、愿景、价值观、商业模式、商业哲学等。我会帮助你解锁新美业商业模式，让你了解未来实体商机。

第五：产业赋能

我们以教育为入口，接触到美业中非常多优秀的品牌方。我们希望从教育资源的优势出发，为各个品牌方赋能。

蓝蒂蔻未来的布局也是产业布局，比如会布局生美门店、轻医美门店；输出技术人才；向上游供应链供应资源等，未来我们会为美业的各个细分品牌赛道的优秀创业者赋能。

我们会将产业资源标准化和模块化，进而转变为美业经营的基础设施，所以你不需要再像过去那样在每一个价值链环节上进行全面布局，只需要专注于自己擅长的领域，便可以嫁接和调取美业产业的资源，共同完成价值创造和变现的全过程。

这本书里有很多实战故事，还有很多我的思考，希望对你有所启发。

引言二

美业的现状

最近几年，我听到最多的问题是："为什么以前我一个月赚20多万轻轻松松，现在一个月赚5万都十分困难?"

因为，美业激情澎湃的30年已经谢幕了，如今美业人需要想清楚到底靠什么赢得市场。新生代的消费方式正在改变商业模式，美业人才将进入历史性迭代状态。

美业的生意确实越来越难做，未来的美业会出现两种业态。

第一种是客户做完之后确定有结果。

比如客户来做光电超声刀，左脸做完，明显美很多，尤其是微调水光针、羊胎素绝对有市场，前提是客户到店才会有这个效果。

第二种是聚焦客户体验。

这两年有很多特别棒的SPA馆、洗浴中心网红店，里面很漂亮，美食也很丰盛，吃喝全随意，客户会带朋友去体验放松和打卡。

如果我们有个单店SPA房间10平方米，只有一张床，客户躺下去，她的感受全靠闭上眼体验；而有个洗浴中心网红店，既有温泉，又有干冰，还有丰盛的水果，如果两个门店的价格相同，你的门店就会变得很尴尬。再比如你家美容师一顿按摩，客户感觉很舒适，但是人家大型连锁机构用光电抗衰仪器为客户服务，再加上店里美容师的按摩手法，你的门店就很难跟别人去竞争，最后就会被淘汰。

所以，在这两条美业业态路上，你要么选择卖效果，要么选择卖极致体验。无论做哪一种业态，你都要聚焦优势成为高精尖人才，否则就会被淘汰。

未来哪些美业人会最先被淘汰呢?

第一类:没有审美的美业人

很多美业人审美很奇怪,比如自己大圆脸,可非要画一个一字眉,你都没有研究你的脸型该用什么样的发型、眉形,顾客看到你,只会觉得你不专业。如果你是美业人,你不花时间和精力去研究审美、美业趋势,不钻研什么是骨相美、皮相美,而是总想着让人家去戳眉毛、画眼线,为顾客用的都是同一款。你这么敷衍,市场也终将会敷衍你。

未来的美业拼的是审美。因为在产能过剩的时代,产品已经没有竞争力,服务也没有差异化,未来比的就是谁的美学认知更深厚。我们美业人应该成为审美领域的专家,这是我们做好美业的基本条件。

美业人外在一定要美,因为这是能够跟客户联结的敲门砖,如果自己都不美,那么想赚这个行业的钱就是天方夜谭。线上运营也是一样。如果你还穿普通的衣服,还化和平时一样的妆,你在镜头前就是一个普通人。因为所有人都有镜头尴尬症,当你在线上和线下是一样的时候,镜头中显示出来的你就会超级普通。

光有外在美还不够,内在也要美起来,你要让自己的内心多生发智慧。总有一天你会发现青春会逝去，父母也会离我们而去，但是唯有智慧能够保全你于每一次"水火"之中。

我所有财富的80%几乎都用在学习上，我今天能够赚到我想要的收入，都是持续学习的结果。有正确的价值观才能够把钱花在刀刃上。运营管理决定一家公司能赚多少钱，人才管理决定一家公司能做多大，想让自己的事业帮助更多人，必须具备系统思维，这都是需要不断投资学习的。

第二类：不爱学习的美业人

美业的前30年是野蛮生长的30年。这30年，我们美业人用一个脸盆、一条毛巾，从给客户洗脸开始，30年干出来一个汽车行业的产值，这是时代对我们美业人的馈赠。那时美业没有标准，赚钱很快。

但是未来的30年，美业将进入下一个篇章：以专业和精细化取胜。你需要不断学习，不断突破，不断迭代。这时，千万不要指望之前赚钱的方式能用到现在，如果你再戴着口罩去拉客人："亲爱的姐姐，过来画个眉毛。"客人会说："离我远一点。"这几年因为口罩的影响，我们已经习惯与别人保持安全距离。

我们要不断地顺着时代的趋势去学习，有人跟我说："Gina老师，学抖音和直播太难了，我学不会。"事实上，学抖音、直播没有学文眉难，去学就对了，一定要做顺应时代的事情。

互联网转型意味着我们要重新开始，要带着当初学技术的劲头再次学习互联网，你只有去做，才会发现互联网里有金矿。

第三类：想赚快钱的美业人

在这个时代不要有赚快钱的心态，我们要靠自己的实力老老实实赚钱。受全球金融危机、通货膨胀的影响，经济环境会越来越差，竞争会越来越激烈，留下的全是大浪淘沙后的精英。如果你还想赚快钱，就很难拿到结果。

如今，能活下来的美业人已经很棒了，我们要给自己留有缓冲的时间，拼命地丰富自身的内涵，让能力匹配内心的渴望，进而成为企业领导人。

在变革的时代，美业创始人要调整对趋势的预判，不断进化迭代，管理好内心的预期，安安静静做点事，踏踏实实挣点钱，靠实力稳步前进。

目 录

CONTENTS

1

第一章　流量篇：活在流量

2

第二章　后端篇：赢在后端

3

第三章　全局篇：成在全局（一）

4

第四章　全局篇：成在全局（二）

5

第五章　创始人：六边形战士

>> 第一章

流量篇：活在流量

1/ 美业变现的商业逻辑

以前美业容易赚钱，因为信息不对称，所以客单价很容易拉起来，而随着这几年互联网快速发展，越来越多同行竞争，客户也熟知产品，最终你会发现只有做成品牌，才会拥有核心竞争力。

可究竟什么是品牌？企业或门店很难进入客户心智，而真正代表企业或门店的符号——品牌会植入客户的心智。所以定位的主体不是门店，而是品牌。

很多美业老板的综合门店里有美甲美睫，有皮肤管理，也有身体保养项目。如果你是几年前进入美业，通过综合门店项目获取资源，有资源是你的存量。

但在新美业时代，你若还用之前的打法，根本活不下去。你进入互联网赛道后会发现，客户保持注意力的时间不会超过5秒。你的门店品牌要一瞬间就让客户知道你做什么最专业，而这就是品牌的核心竞争力，即你的门店要为客户的需求提供精准服务。

美业创业的第一步，找到品牌定位。

如何清晰品牌定位呢？不要去关注自家门店产品的优势，要去关注客户的需求。你可以提前做市场调查，了解所在领域中客户有哪些痛点问题和需求还没有被解决。

或是看看你的竞争对手正在做什么。可以查一下当地城市大众点评前十的美业领域门店的定位。在细分垂直领域，有专门做日式美睫的门店，有专门做问题肌的门店，有抗衰注射类门店等。

多去研究排名靠前的门店，可以把他们广告中精炼和简化后的信息用在自己的广告中，这样就能占领潜在客户的心智。

当你清晰了品牌定位，你就会了解你的变现方式是什么，想要吸引什么样的客群，这个时候就会有清晰的客户画像，接下来就要根据客户画像有针对性地做精准引流。

美业创业的第二步，根据品牌定位精准引流。

以前做美业引流的方式非常传统，如今随着AI时代的来临，超级个体的崛起，流量入口、转化漏斗、商业模式、团队的组织架构，都会发生巨大改变。

你也知道要转换思维，用互联网的方式来做美业，可这就像陆地动物，原来只会走路，但是现在要进化出飞的能力。这时如果我们求快，在山顶上往下跳，就会直接摔死。

当你的能力没有提高，直接去做抖音，一头扎进去拼命拍视频，如果没有结果，你就很难再坚持。因为成事都需要正向反馈，即使喊再多口号，如果没有正向反馈，你也会缺少坚持的动力。那些能在抖音上坚持下来获取财富的人，不是因为他们很有毅力，而是因为他们能获取正向反馈。

所以，做事之前先做好准备，让自己获得正向反馈才是成功的关键。做抖音学游戏规则之前，必须先把自己的基本功练好。

什么是新美业时代的基本功?

从流量小白到全网300万粉丝的这两年，我认为互联网形象IP力、镜头表现力、流量变现力、视觉营销力和直播能力这五项基本功必须驾轻就熟，因为这些会让你稳稳地获取流量，不再焦虑流量从哪里来。在本书的第一章，我们会一一介绍这五项基本功的打法。

有了基本功之后，要根据品牌定位，了解客户群体有什么样的视觉喜好，打造对应的妆容和内容表现力来获取流量，形成自己的私域。

美业创业的第三步，根据品牌定位，用对应的品项和卡项变现。

线上通过好的内容引流，把客户吸引进门店，才有机会变现。

客户进来了，其实是刚开始而已，促使客户愿意进一步消费的，实际上是门店的品项或卡项设计。品项结构是我们的商业模式，卡项设计是收钱的方案。产品是通过卡项设计环节来变现的。

比如现在有的美甲美睫店，定位的客户群体是20岁左右的年轻人，可如果老板没有做品项和卡项的结构，就只能卖美甲美睫，一个月大概赚三万到五万。有做得好的门店，如上海有些美甲美睫店，表面看起来是做美甲美睫，但门店会去跟医院合作轻医美，做眉峰双C的咨询美学设计，这样的门店一个月就能做百万业绩。

好的产品结构，是搭建商业模型的第一步。

如果你的门店接待客户，后端有1980元的产品，有39800元、298000元的系列产品，还有100万和300万的产品，甚至还有企业入股，这就是产品结构。产品结构搭好以后，我们再去打磨产品力，确保产品有好的效果，能为消费者解决问题，提供价值。

我们要根据客户购买金额做分级管理，需要在客户管理中做到精细化服务，因为真实客户关系是私域流量的核心，而这些都是后端承接客户的部分，这部分内容我们会在第二章后端部分为大家详述。

定位、引流、变现这三步都要围绕着门店的品牌定位为客户提供价值。注意，不要把客户当成猎物。

当你能真正做出一番事业来，你会感受到真实的商业世界是"鹰击长空，鱼翔浅底，万类霜天竞自由"。

2/流量变现力

美业人过往30年赚了很多行业和时代给我们的快钱，但是我们的大脑要清醒，不能把因时代机遇而赚到的钱误认为是我们应得的钱。

很多美业人一个月赚20万，就想买辆保时捷；一个月赚60万，想买两套房，来两个LV包包。他们把时代给他们的红利全部换成了这些东西。

刚开始我学了戳眉毛，实践了一个月，发现我竟然赚了几万元。其实这不是因为我厉害，而是半永久这个行业赛道厉害。我这么多年来一直没给自己发工资，从2023年开始自己才按月拿。我很穷，但我的公司很富有。

创业这4年来，公司业绩稳步上升，这是因为我有一个底层信念：我能够认清自己。即使是疫情的时候，我也没有焦虑，不过是一切清零，重新开始干。

可很多美业人在过往赚到那么多钱的过程中，各方面没有成长过，他们只是时代的受益者。结果等环境发生转变，这些人的心态自然跟着发生变化，很焦虑，很烦躁。

因为他们发现现在没有以前赚得多了。请仔细想，你明明比去年更优秀，你的技术比去年更好，你谈单谈得比以前更老练，你的客户积累也比以前更多，按照正常的逻辑推理，你应该比以前赚得更多才对，但事实上你赚得没以前多。

为什么呢？因为流量的重新分配决定了财富的重新分配。

最近这段时间我拦下了很多要开店的美业老板，我问的第一个问题就是"这家店的流量做起来了吗？"。如果还没有，就再问"这家店的抖音同城做起来了吗？""这家店开始直播了吗？"。

最重要的流量问题没解决，就不能开新店。如果你能够把线上流量打通，你开在哪儿都能赚。如果你现在打不通流量，你就别开店了，躺赢对你来说是最好的选择。

怎么获取流量呢？很多人都会先思考如何获取流量，可是正确的逻辑是先思考如何变现，以终为始地围绕变现的逻辑去思考流量。抖音是获客平台，爆款通常是不怎么赚钱的，团单也只是引流项目，真正赚钱的是专注你所在领域的垂类梳理品项和用户。具体怎么做呢？

第一，围绕你的定位，做账号策划。

要在有趣的氛围里传递专业的知识，前十条要跟变现挂钩，抄作业也是抄一半内容，要聚焦卖自己的产品。

要思考赚谁的钱，比如哪几类会购买，购买人群和使用人群有什么区别。拍视频可以围绕使用人群，也可以围绕购买人群。你的客户人群越清晰，账号内容策划就越精准。以下客户人群信息可作为参考。

用户信息：用户定位、性别占比、主要年龄群体、城市划分、消费偏好。

年龄层：身边的人、关注的问题。

需求：生活中的不便，可能遭遇的事件，怎么找痛点，聚焦找。

Z世代（18—25岁）：老师、同学、情侣、父母，学习、恋爱、就业、相亲、是否留在家乡发展、对美过度追求、轻医美，皮肤清洁，美甲美睫。

精致宝妈（25—40岁）：老公、孩子、婆婆、公公，娘家家人带娃、做家务，无人理解、自卑、焦虑，贵妇套盒、居家美容仪、精油SPA。

新锐白领（25—35岁）：同事、同学、闺蜜、亲戚，奋斗、加班、熬夜，用眼过度、肩颈麻木、头疗。

资深中产（35—50岁）：商业伙伴、中年危机、子女发展，初老状，皮肤松弛、没有光泽，医美、抗衰套盒、面部提升。

中年妇女：二三线城市，内心向往精致生活，每天和油烟打交道，在厨房待的时间很长，有孩子，日消费100—300元，爱用淘宝购物，每天都做家务，身体经常不舒服。

用场景和服装来区分群体，通过年龄层看他们身边的人。

这样当你的直播间有1000多的浏览量，就相当于有1000个人走进你的店。你的账号内容若精准策划过，这1000人就是你的精准粉丝。

第二，内容上，要在有趣的氛围里展现专业。

要做变现，必须展示你的专业；要想获得流量，内容必须有趣，所以就需要在有趣的氛围里展现你的专业。简单概括为八个字：专业、真实、共鸣、有趣。怎么做到呢？有四种方式抓住对方注意力。

1.教你学会。在内容里展示专业，重点在营造对象感，好像有粉丝就在对面，要一步步教会对方。而镜头感的技巧是需要反复训练的，我们会要求学员用视频打卡的方式练习镜头感，还得有专业领域的经验背书。这样的内容类型就是知识种草、操作指南。

比如我曾经拍过一个视频，标题是《高效看书》，总分总结构，先亮出主题，帮大家做诊断，现在处于什么阶段，再出药方，最后激励你坚持走下去。这种结构也叫解题式结构，即诊断病因—给出药方—传递观点，这种结构会极大地引起客户共鸣，客户停留时间也会很长。

2.**替你表达**。你在短视频里说出别人想说的，用人物故事唤起客户的同理心和共鸣。重点是你要有这样的人生阅历，可以用故事传递观点。比如，用"假如一辈子不结婚会怎么样"这样的话题跟你的客户人群贴合。场景和动作稍微改变，地点在你的店里，输出的文案和出镜的人都要代表你的群体，这样也很容易种草。

3.**带你体验**。视频内容要聚焦过程和效果，重点展示成果和体验。这样的视频内容需要你有生活经历。

4.**哄你开心**。比较常见的是兴趣话题、反转呈现，这就需要你能够提炼梗点。但搞笑难变现。如果你带货，评论区会有人说你这不好那不好。没有突出专业感，只突出有趣，梗点就是客户的记忆点。

第三，学会看数据，定期复盘。

要想长期赚钱，只有满足客户。所以你要学会看客户的互动数据，比如点赞、评论、转发、转粉，抖音后台记录得很清楚。转粉的数据比较重要。

还有播放数据：均播时长、大盘曲线、完播率、复播率。完播率指的是整体完播率，如果完播率是5秒，说明你的主题精准对焦客户需求；如果完播率是2秒，说明视频场景吸引人，但很多人没有耐心看下去。

短视频用户观看习惯是即时划走，你必须发出视频，有数据，你才能知道结果。做短视频的精力70%放在主题上，30%放在结构上。主题有价值，表达才能夺人心。

综上所述，虽然整个抖音生态内卷很严重，但是美业人的抖音生态尚可。因为美业人大部分都是手艺人，本身互联网思维就弱一点。你现在做起抖音号，红利会有很多。谁能够打通线上，谁就能把线上流量更早变现，进而成为美业中的佼佼者。

3/视觉营销力

目前，面对社交平台、内容平台、电商平台等多方角逐，消费者的"注意力"成为核心竞争资源。未来，所有产品都要在线上销售，即便你摆地摊，都要加一个直播间，面对镜头侃侃而谈，收放自如。把产品卖出去，这是未来每一个生意人都要做的事情。

所以，视觉营销是你接下来根本躲不掉的环节，卖产品的渠道和窗口变了，线上销售是我们获取流量的重要窗口。

我最早的流量来自我涂了一款黑色的口红，当时很少有人涂黑色口红，我涂上黑色口红，开始直播。

我的直播间从几十人到几百人，是因为我从手机直播换成了相机直播。从几百人到几千人，是因为我学习了其他老师，尝试了全新的直播方式。从几千人到几万人，是因为我调整了直播间上面的挂件，还换了个发型。

后来我剪了帅气的短发，火了一波；弄成长发，又火了一波。如果过阵子我的流量差点了，我就把自己晒黑，相信会再火一波。我最近在学拉丁舞，有一天在车边跳了两段拉丁舞，流量又上去了。如果你不尝试新的东西，在互联网上是玩不赢的。

以前是三十年河东，三十年河西，现在是三个月河东，三个月河西，甚至有的时候河东、河西之间只需要一场直播。

在这个互联网时代创业，一定是那种胆子大、敢尝试的人才能得到利益。太过于保守，躺在舒适圈的人，在这个时代是非常吃亏的。创始人要通过各种方法在短视频里展示自己，展现品牌、个人观念、初心，以吸引流量。视觉营销，不仅是一场视觉的战争，更是一场营销的战争。

要围绕自己的战略定位，拍摄出高级感。高级感，就是在这个世俗的世界不世俗。

具体要拍哪些呢？

可以拍摄门店，门店涉及门店的城市、门头、客户体验后的表情、进店流程；可以拍项目，聚焦价值观、logo、特色、动作、产品、人物；可以拍摄产品，一条开箱视频就很吸引人；可以拍创始人，创始人视频想拍得高级，找专业团队拍，市面上的价格是7万—8万，如果你自己学会了，这笔钱自己拿，不好吗？

高客单客户都是颜值控，如何拍出高级感？

一、拍摄环节关键词：克制、创意

1.克制。很多人觉得我们的视频很高级，因为我们在拍摄的时候，不把花花绿绿杂乱的东西拍进去。要注意你的拍摄内容，避开周围色彩太丰富的事物。要注意色彩的运用，饱和度低的颜色更高级，黑白灰就是饱和度低的颜色。

2.创意。我们要有自己的想法、自己的创意。拍一个人物，你可以对着正脸去拍，也可以对着侧脸去拍，也可以找一个遮挡物，营造画面朦朦胧胧的感觉，给人一种意境感。创意就是迭代，是借鉴，是跨行业的融合。

二、剪辑环节关键词：苛刻

剪辑要苛刻，如果视频拍摄是50分，剪辑也是50分。把控好画面结合度、视频流畅度、音乐衔接度，可以让整个视频显得很丝滑。

如果你的公司收入还不错，一年能收入几百万、上千万，那你就花几千元聘一个会剪辑的人，或者找一个人送到我们公司来，我能帮你培养出来。

我们课程结束以后，整个录下来的内容会被上传到我们公司的一个公共U盘上，全公司所有的人都有资格剪辑，每个人都有一个账号，谁剪辑火了，通过这个短视频报课的，他都有提成。如果客户报课再升单，他还有被动收入。所以团队没日没夜熬黑眼圈剪辑。

游戏规则是重赏之下，必有勇夫。现在我们有十几个剪辑伙伴，一个月要发二三十万工资。我们剪辑师杨老师，2002年出生的小男孩，有一个月工资发6万。

早上我化妆，旁边都有三四个人拍摄，拍粉底的拍粉底，拍鞋包的拍鞋包，我涂口红他们就拍口红。他们拍完剪辑好后发到网上，会有客户报团单，报项目的时候摄影师们跟着有提成。

现在抖音上关于我的视频，我自己都不知道发了哪些内容。什么时候拍的我也不知道。有一天我裤子穿反了，助理还偷拍，她全发在她的账号上，获得一万多流量。

训练团队，全员都要有剪辑能力，再设计一套奖励机制，让团队去发挥创意。在做互联网这件事情上，我可以很负责任地告诉大家，年轻人真的比我们更厉害。

我们公司有一个帮我运营的1998年出生的小男孩，刚开始我还老跟他吵架，他跟我说要拍剧本，我说肯定没人看，得照着我的意思去拍，他说我这个内容没人看，我说他的内容才不行。后来我俩吵得不可开交，最后大家都拍，看谁拍的视频流量多，到最后发现每次都是他赢。后来我就听话了，不禁感慨年轻一代是拿着iPad长大的，我们这一代人是上班了之后才有电脑，对互联网的敏感度天生就差了一些。

在剪辑中，我们也分享一下团队经常用的小技巧。

1.滤镜：在剪映里我们找到滤镜，在复古里找到德古拉，德古拉滤镜会让你的视频更有质感。

2.调节：滤镜旁边会有一个调节功能，调节功能有很多，我们用一到三个参数就可以了。第一个是饱和度，第二个是对比度，第三个是光感。光感是将脸部提亮，环境的数值不会变；而亮度是画面整体变亮或变暗，这样就没有层次感了。

3.音乐：音乐为魂，整个视频有感觉，音乐起关键作用。怎么找音乐合适呢？需要找场景音乐，比如早上拍门店，搜关键词清晨、愉悦、舒缓。

做好以上基本功，你就可以在线上不断获取流量。

线上目光聚焦之地，必是流量聚集之地，好的视觉营销是能够在互联网时代降低顾客的选择成本，并且能够借助高辨识度，保证信息的有效触达。

我们的目标就是提高美业的视觉输出水平，因为视觉表达已经成为一切的主流表达，美需要表达和传播，更需要视觉营销。当你的品牌能够通过视觉营销在吸引顾客的基础上形成品牌特有的符号，那就能够为你的品牌自身赋能，帮助品牌建立长期资产。

未来，一定会有更多的美业品牌注重营销方面的创新，因为视觉营销也在引领美业品牌营销发展的新方向。

4/ 直播能力

以前我的贵人老师给我打电话说："你要做直播，大品牌都在直播间了，这肯定是未来的趋势，咱干就完了。"于是我听话照做，她并没有教过我如何去做，只是告诉我要去做直播，我就去做了，于是有了今天的Gina。

如今，我反复地告诉大家一定要做直播，一定要做短视频。如果你把这句话听进去了，你就有可能多出十几万、几十万，甚至更高的价值。

我们要不断地跟着时代的趋势去学习，从"你找客户"向"客户找你"转化，学习构建全新的消费场景。同时，任何风口赛道，机会都会越来越少。直播卖货发展到现在，格局已基本定型，头部主播垄断了大部分用户和流量，中腰部主播瓜分了剩余的羹。可以说，这时候入局，如果还想着把直播当成卖货的渠道，追求线上大幅度增长，对线下店来说是比较难的。

但我们既然说直播是个增长工具，必然还有潜在的机会。那应该怎么做？

我的建议是，把全网直播缩小到同城直播，再把线上卖很多货的目标转换成到店率，用同城直播来吸引目标顾客到店，增加线下销售额。

具体如何实操呢？

有效曝光+套餐诱饵+到店转化。我们一一来分析。

一、有效曝光

只要你做了短视频和直播，你就会拥有几百的流量。项目福利、口播服务流程、门店环境、老板人设等都可以拍。一天可以发10条视频，你自己发一条，员工发4—8条，客户发3条你的视频，同城达人帮你发2条视频。只要你坚持做一段时间，5000次左右就是一个视频中规中矩的播放量。

1.火力全开版本：全年1800万人次的曝光

如果你想拥有1800万的曝光，你需要找达人，尤其要找电台主持人，他们愿意帮忙传播。达人播一天会有5万的曝光量，一个月就是150万的曝光量，一年就是1800万的曝光量。如果你只靠自己成为IP，梦可以有，但是静默期实在太考验耐心了，你需要多给自己正向反馈。找到达人就是一个很好的杠杆，一定要借势。

2.迈出一小步版本：一天直播间1500人次曝光

如果你觉得第一个方法太难，可以迈出一小步，做到一场场观500人次。这其实并不难，让店里员工在闲暇时同时开3个矩阵账号，这样一天就有1500人次场观。因为直播间的效率比短视频效率更高，互动会产生情感，直播间还会产生业绩。

有效曝光意味着你既在做直播间，也在做品牌，而做品牌的好处是能够降低客户的搜索和决策成本。

二、套餐诱饵

抖音是一个获客平台，不是变现平台。所以，你要依托线下门店为载体。短视频播30秒，直播间里说1分钟，都很难说服陌生人买团单，线上获客，目的是把人拉到门店里。

在价格套餐设计上，对应的市场需求要足够大，价格要符合大众认知，不是越便宜越好，9.9元理发不可以做，你不能吸引那些爱薅羊毛的人。你吸引的人群要与价格梯度相匹配，要能满足升单的需求，可以设计理发套餐一次69元，到店转化店里的项目。

这样月营收＝月流量（5000人次）×转化率（1%）×客单价（199元）×场次（20场），一个月20场，线上收入就能达到20万。相比同行，你能从商业策略上实现碾压，每个月营收提升20万。

三、到店转化

想要到店转化率高，创始人不光自己要直播，还要带着团队人人直播。短视频只要你不删，就能在网上挂一辈子，直播就只能看一次。所以，别太把自己当回事，除了你亲爸亲妈，没有人在意你。

对全渠道营销的品牌来说，线下门店是一个天然的直播场景。在线下店开直播间，要利用好私域流量，激活私域，在私域内做直播。

布景时，要选店内真实的场景，可以固定机位直播，也可以走动直播。直播前要先提升直播能力，可以用三个步骤来快速提升。

1.找。找一个表现力优秀的主播，录一段完整的产品讲解视频。

2.跟。先将话术转化成文字，让新主播认真观看并跟读，直到一字不差为止。

3.背。倒背如流，并尝试摸清逻辑。

这样一个月下来，主播就培养成了，如果你的店里人人直播6—7小时，卖了20单，其中一两单还可以升单，这样店里营收就能提升，人员工资也跟着提升了，大家直播的劲头会越来越足。

综上所述，所有的方法和数据，你行动了才会发现特别有用。对于现在的新美业时代来说，线下开店、线上做内容，会成为美业门店日常经营的基础操作。

我们不是为了成为网红，而是为了在直播间里真诚地分享和讲解品牌故事、门店的核心产品、服务流程、客户体验，以及你做品牌的初心。

未来，直播会成为每个消费品牌都必须做的事情。我特别希望你能看清楚社会和时代的拐点，现在就开始行动。

5/ 互联网形象 IP 力

很多人去别的机构学习如何拍抖音，知道怎么拍了，可穿个T恤，穿了条牛仔裤就出来拍，拍完以后发现没流量。如今做线上，你的穿着打扮、妆容都要精心，可以花两个小时好好准备一下。

化上精致的妆容，做好精致的发型，衣服搭配高级。除此之外，还需要抓住流量密码：夸张。

1.互联网IP妆容打造

我们以前普通的化妆就是眼睛要大，嘴唇要红，但线上妆容的逻辑全然不同，镜头会把一个人50%的妆容淡化。镜头前妆容也要跟普通的妆容不一样，线上妆容为了呈现更好的上镜效果，常化的是光影美学电影脸。光影美学电影脸指化妆时更在意面部明暗高低光，脸部轮廓越立体，上镜效果越好看。

所以在化妆的时候，多注意修饰面部的明暗高低光，比如鼻侧影、轮廓侧影、高光点等。我现在化妆可以不画眼影、眼线，但一定要画鼻梁的高低光，还有侧影。这些手法已经变成我的上镜前化妆习惯了，因为如果我不画，一上镜就是大饼脸，而我要塑造的是六重光影电影脸，后者看上去会更有高级感。

当你拥有互联网思维的时候，你会选夸张的妆容，这样能把能量场立起来。比如我会用特别夸张的假睫毛。在线下看是太夸张，但是贴上去在镜头里刚刚好，夸张的睫毛会让你很有神，很出彩。

无论是文眼线还是画眼影，都要夸张，我嘴巴都画到了下巴上，这样在镜头里会显得五官独立。我的头发也不是和平时一样散下来的，而是全部包上去的。当我把头发全包上去的时候，会发现底下的评论很多。

比如"你头发怎么那么少？""你是不是没有头发？"平台不会管你好不好看，但会监测到你的评论数量，如果你的评论很多，平台就认定这是一个有流量的视频，就会把这样的视频推荐给更多人。你为互联网花了多少心思，互联网就会给你多少反馈。所以我们今天要为打造互联网IP而化妆，连整容都要考虑到以后做互联网有哪些不同。

很多人会整容成光影脸，适当地保留一点凹陷和轻薄，上镜会更好看。建议不要整成网红脸，因为脂肪过度填充，在线下看感觉脸部很饱满，但一上镜就变得很富态，很油腻。

2.互联网IP服装打造

上镜的穿搭逻辑也是如此。要抓住流量密码：夸张。我做短视频或直播时，经常穿的衣服上会有一朵非常大的花，要么系在脖子上，要么在胸前，总之一定要吸睛，因为这朵花就是流量密码。线上大家一看到这朵花，都会驻足观看，所以同样是穿黑色西装去拍，我佩戴一朵黑色的花，都能拉长直播间粉丝停留时间。

不仅仅是妆容穿搭，我的走路姿势和眼神也经过训练。

当我形象上每一个维度都不断提升的时候，你刷到我的视频就会忍不住停下来去看，心里想：她的头发怎么会包起来？衣服上为什么有朵花？妆容为什么这么精致？这样你就会对我有记忆。我身边的很多朋友，在打开抖音的时候都会跟我说："怎么我一打开抖音，就是你？"这是因为他们观看我的短视频时间很长，平台的大数据会不断推送我的视频给身边的朋友。

很多人也会说，不一定需要在形象上这么花工夫，也有人不靠形象，单凭内容就能取胜。确实有这样的例子，而且有很多。但是我们不一样，我们是美业人，别人只要有变美的需求就会想到我们。所以一定要让你的视频美起来，把美感放在第一位。

其他机构教你做抖音，不会教你审美，他们只有流量思维，只会教你怎么拍段子，怎么搞笑。火是火了，但是吸引不了高端客户。我们都是按照国际超模的眼光去选品，我们所有的衣服永远比普通的西装更个性一些，要么有不对称的领子，要么有设计别致的袖子，其实这些都是流量密码，就是为了去吸引别人的眼球，让别人的多看你一眼。

每个你独具个性的地方，都会有三秒钟时间让别人更多地去了解你，所以我们家的衣服首饰比较夸张，形象比较夸张。你会发现大部分人一上镜头就有种油腻感，我挺瘦的，镜头前一拍，也会把我的脸拍得很大，拍得很油腻。

怎么处理呢？我们必须穿肩膀很宽的衣服让头显小，这样脸也会显小，更重要的是整个人的气场会向上扬。我们所有的西装都让人很有气场。如果你不注意穿着，直播间效果就不亮眼。

但凡你把流量密码做好，你的直播间人气就跟其他直播间人气完全不一样。如果我今天穿线上职场装，化精致淡妆，不管聊什么话题，不停留下来看的，只能是因为我不吸睛。

以前我的风格很温柔，但是温柔不是抖音流量密码。最近一线的女博主，服装的风向标都是越来越帅，人设一定要彰显女性的力量，这是整个大方向的趋势。如果你不用这种风格，就无法走在时尚前沿，也没法吸引人眼球。

于是，我后来就把长发剪短，服装从裙子换成了大西装，西服一直开到肚脐眼。以美为业，才能真正传递时尚风向标。

所以，在塑造IP形象力的时候，要展现的是时尚潮流，要传递的是美的感受，当你能多维度提升线上IP形象力的时候，你就是流量的源头。

3.互联网形象要跟客户定位相匹配

如今，美业只有做高端才有未来，那么如何吸引大客户呢？

高端客户靠的是吸引，不是拿捏。越是高端客户，他们的认知、眼界、思维越高。不要企图去拿捏，而是要吸引，你要看上去足够匹配，一站出来，就能为你的企业加分。

我们有一个客户是被老婆带过来的，课程结束了，他过来找我说："老师，你讲得太好了。我一直有一个困惑，我都剪7年头了，价格一直是29.9元，后来我就涨到45.9元，结果客户少了一半。我感觉人生这样下去没有希望，凭什么我就不能涨价？我手艺那么好。可涨点价格没客户，如果我这一生只能剪29.9元的头发，那我就退出这个行业。所以我准备不干了。"

后来我们看他拍的短视频，发现没有什么美感，于是我们帮助他做朋友圈的视觉冲击，包括抖音平台的视觉打造，他团队里每一个人的形象全部蜕变，现在他的剪发价格已经是128元了。他的市值发生巨大的变化，他的价值被当地最大的健身房老板看上，想跟他一起开店，说把所有的资源投给他。

请思考你的客户是什么人，他们喜欢什么样的形象，你就变成什么形象；他们喜欢你穿什么衣服，你就穿什么衣服。不是你想穿什么衣服就穿什么衣服，你的客户定位必须跟你的互联网形象相互匹配。

我最早以前头发是大波浪，而且大波浪是侧在一边的胸前，非常有女人味，我QQ名字叫"女人"。但现在我穿西装，穿成中性的形象，完全是为了迎合市场。我是一个多么想做女人的人，但是为了互联网，我还是改变了形象。

不仅形象要有互联网美感，而且还要注意互联网直播间的搭建，要学会把你一些平时不方便说的话通过直播间表达出来。如果你是做美甲的老板，可以把你的直播间的背景装饰成跟美甲相关；如果你是做纹绣的老板，可以在后面一面墙上挂满你的奖状，或全是素描眉图片。这样即使你不说话，直播间形象也在帮你表达你的专业。

敬畏美，才会成为美。大家只相信自己看见的，而非你嘴里说的文案。所以要抓住流量密码，多维度提升形象，并且设计直播间场景，以此代替语言，让粉丝认为你是谁。

也许你觉得这样很辛苦，可人生所有的惊艳都是千锤百炼，所有的逆袭都是提前准备。

每一个天生丽质的人，背后都是刻意练习的高手。审美认知，是一个民族的品位。美业人，是直接背负着传播美、引导美责任的群体。所以，我们必须得美，必须懂美，更要懂得传递美。

你得让这个世界看到更好的你，你才能拥有这个世界。

6/ 镜头表现力

很多人没有镜头时还挺自然的，只要有镜头在面前，表情就开始僵硬不自然，眼神飘忽，小动作多，感觉手无处安放，说话都不知道怎么停顿。

其实，大部分人都是有镜头尴尬症的，但是在视觉营销的时代，这样的特性会让你成为财富的绝缘体。

你本身有内涵、有知识、有爱心、有初心，但你就是没有办法在直播间体现，没有对象感。你不展示你的魅力，就很难吸引流量进来。

很多学员喜欢蓝蒂蔻的表现风格，觉得我们拍的视频更有感染力，也觉得我们拍的照片更有表现力，其实这些完全是不断训练的结果。

在我们团队训练中，老师会让你在各种生活场景中扮演各种角色，让你放下自己，放下面子，把自己的天性释放出来，因为只要你不尴尬，尴尬的就是别人。这样不断打开自己，你在短视频或直播里给人的感觉就会很自然。

我们孵化过的一些美容门店，比如千岛皇后，在当地美容美体榜排第一，好评榜排第一，帮助他们拍客人到店的一些项目，一个月大概能做60万的业绩。

现在单纯的拍摄手法不行了，必须让创始人出镜拍，很多美业老板自己不想拍，总想让团队员工拍。可创始人一定是能力在团队之上，眼界在团队之上，格局在团队之上的。创始人亲自出马都吸引不了客户，员工大学刚毕业，经验少，怎么可能源源不断地抓住线上客户的注意力？

而且这件事情跟他的工资关系不大，离赚钱距离很远。他拍抖音，很有可能拍了20条，好的话有流量来了团单，有了团单还不一定能转化，这中间的链路又多了几条，所以他没有办法马上拿到钱。所以，员工没有动力去做。

抖音不是随便一做就会有结果的。创始人必须自己做IP，做出结果以后全团队自然会跟着做。创始人没有结果，让谁动谁都不会动。

三年前我们家做抖音的时候，我思维认知还是有点狭隘，我觉得要长得好看才能火，所以那时候我选了公司的冰冰，一个月花将近3万块钱，摄影师这里拍一个，那里拍一个，结果一个都没火。

折腾了一圈，这件事没做成，我不服输，觉得这件事得我自己来，结果数据就起来了。

抖音有个游戏规则，玩的都是你本人的人格魅力和底蕴，绝对不是单纯的游戏。因为抖音平台是兴趣平台，大家刷短视频都是为了放松，所以你在抖音里千万不要太正经，要尽量有松弛感。

松弛感不是摆烂，而是喜不喜欢都随用户，是拼尽全力后的自在。别为了不属于你的观众去演绎不擅长的自己，别担心，大家都各忙各的，没有太多精力关注你。

怎么才能有松弛感呢？要想在镜头面前看上去自然，不仅仅是表情的问题，还有3个关键影响因素。

1. 形体姿态是否协调；

2. 表情管理是否恰当；

3. 整体造型是否得体。

我们在面对镜头时，这3个关键因素中任何一个出现问题都会导致上镜不自然。很多人不知道该怎么摆拍，其实在镜头面前，我们需要做到"真做作，假随意"。别人看我们拍摄简直做作无比，但拍出来的感觉就是很随意。

不要觉得摆姿势做作，摆姿势才自然。在镜头前一定要把肢体摆成特别的姿态，这样镜头感才会更好。具体怎么做呢？

首先请找到你的黄金面。你最习惯自拍的那一面就是你的黄金面，只是你没意识到它的重要性，还总是怪别人拍得不好看。只要找到自己的黄金面，最起码能保证底线效果不会差。找不到的话，就左边脸和右边脸各拍摄一张，看哪一边的下颌线更清晰，就选哪一边。因为下颌线才是青春密码。脸上肉多的女生，可以将脸倒向镜头。

其次让你的重心向后，这样会显高显瘦。让你的脚一前一后，重心向后。很多拍照的人会蹲下给你拍，这样会显得你很高大。最好让拍摄人对准胸口往后拉镜头，找到合适距离再拍。

最后创造氛围感，传递情绪才是关键。比如手的姿势，你的食指上好像停了一只蝴蝶，这样你的手可以放在脸部任何一个位置，哪里不好看挡哪里，这样拍出来的照片就会有一种漫不经心的自然感。

如果你觉得实在很难传递情绪，那么可以借助工具。很多人不是受过训练的演员或者模特，在镜头面前形体难免会僵硬，如果有条件，建议上镜时最好准备以下3样东西。

一个可以坐的东西（椅子或者沙发等）；

一个可以扶或撑的东西（桌子或者椅背等）；

一个可以踩或踏的东西（20—40厘米高的任何可以踩或者搭脚的器物）。

这3种类型的辅助物可以使你的形体和姿态在镜头前不至于

呆板，3种类型的辅助物两两组合时也有助于你摆出丰富的肢体动作，可以为上镜时的你提供非常大的形体变化空间。

如果在现场你确实找不到辅助物，你可以想象你的一只脚下踏着一块石头，这样你的脚尖自然会踮起或者翘起；也可以想象有一个东西被你的一只手扶着或者被胳膊搭着，这样你的一只手就有了动态，另一只手和它配合好就行。或者假装拿帽子、拿眼镜、拿咖啡杯都可以。

有很多美业老板跟我们说，知道了怎么摆姿势，但不知道拍什么素材。其实，你可以在抖音平台上找到对应领域的爆款短视频，先去模仿别人的文案。曾经我看到有一个男性在那里讲亲情和爱情哪个更重要，结论是亲情更重要，有9000多个赞。

我把这个短视频文案借鉴过来，但我反着说，说爱情重要，这样拍完之后，我这条有3万多个赞。所以你可以先从模仿开始，但是我们也要敬畏平台。不能永远只会抄作业，还要了解平台的游戏规则。

我们也可以学着去拆解别人爆火的文案结构，去写自己的内容。张琦的视频很火，我们拆解过她的视频，内容一般分为四层结构。

第一层：第一句一般是说一个生活中发生的现象，比如"现在的女人都很优秀"，你听到后会因为产生共鸣而留下来。

第二层：会描述一件事，描述得很有画面感。

第三层：列数据来佐证刚才的观点，如有关调查显示。

第四层：借这个现象给大家三点建议。

类似的爆款结构还有很多，大家可以找到自己领域的爆款，多对标，多练习。

未来的美业创始人身上具备的能力是要适应当下这个时代和经济趋势的，镜头表现力足够强，文案精准，人格魅力强，就能够吸引流量。

流量只要握在你手里，谁也撼动不了你的地位。如果你觉得难，那就对了，创始人就是要做难度最大的事，把流量这个渠道打开了，再嫁接好的品项，该请人请人，该花钱花钱，其实也没有那么难。抖音的流量，大家再吃个三到五年的红利问题不大。

你掌握了规则，营利指日可待。

》第二章

后端篇：赢在后端

1/ 品项设计

很多传统美业门店品项杂多，看到别人什么项目赚钱，跟风也加入自己的品项里。觉得私密项目赚钱，就在自己的品项里加私密项目；觉得水光项目赚钱，就在自己的项目里加水光项目。主打一个"什么产品火，我们店里也要有"的节奏，可这样的门店往往业绩都上不去。

为什么呢？因为你店里的品项没有跟门店定位相匹配，所有的品项必须围绕门店的定位做漏斗模型的设置，否则没有办法给客户留下专业的印象，同时你的员工也没有办法再提高专业性。

比如很多店的员工做完美甲美睫，还要去做护肤，很多员工什么都会，但什么都浅尝辄止，没有技能上的精进。

你增加一个品项，就需要增加成本。每一个品项背后都是高昂的人工成本和教育成本，如果你的品项足够垂直和专业，你的标签就能轻松占领客户的心智。一旦他身边朋友说长痘痘，客户马上想起你家店面祛痘非常专业，转介绍才能自然而然地发生，因为你身上具备的专业属性是客户认可的。

当你的门店定位清晰，通过品项不断培训，员工才能更专业，门店才能建立起真正的壁垒。如何才能搭建有壁垒、变现能力强的品项结构呢？

我们要先理解企业或门店的品项结构是什么。对外，品项结构是门店定位的产品、技术表达；对内，品项结构是实现营利的手段。

当品项结构成为帮助企业实现营收的重要方式之后，你才能清晰地搭建品项结构的基本框架。

品项结构的基本框架如下。

第一层：流量品项。精准漏斗入口，市场需求大、到店频率高。

流量品项通常是市场需求最大，同时也是客户到店频率最高的品项，这样会让流量形成一个超大的漏斗入口，为升单品项服务。

第二层：升单品项。精准漏斗承接、功效性需求、与品牌定位强关联、利润空间足够。

升单品项要精准承接流量品项，让门店有一定的利润空间，同时升单品项能满足客户需求，让客户体验感强，有功效性的呈现。最重要的是升单品项要跟门店的定位有强关联。

第三层：利润品项。营销卖点差异化、高客单高利润。

升单品项为利润品项的转化服务，利润品项重点在于突出营销卖点的差异化。高客单高利润，是门店实现高业绩的重要指标。同时利润品项也是与门店定位强关联的。

流量品项、升单品项和利润品项要围绕门店定位环环相扣。

市场上很多的皮肤门店里都有美甲美睫小角落，老板觉得顾客做皮肤的时候也可以做美甲美睫，在发美甲美睫传单的时候也会有大量的客户到店。但在实操过程中你一定会发现，美甲美睫师很难把客户转化到美肤品项，而客户如果专门来做皮肤护理，又很难有更多的时间做美甲美睫。

美甲美睫的属性在于即刻变美，如果你是美甲美睫店的老板，你可以设计引流品项为日式美甲或者日式美睫。做美睫的时候你非常自然地推荐一下纹绣品项，比如跟客户说："你的眉形过平了，要弯一点、婉约一点，这样睫毛翘起来会更好看。"这样的推荐丝滑自然，也匹配客户的需求，你的升单品项就是半永久定妆，转化很顺利。

我们的利润品项可以是轻医美合作、重医美合作、医疗抗衰合作。因为做美甲美睫的很多都是年轻人，就是想让外表变美。想要做眉毛纹绣的人，对轻医美项目是有刚需的，特别是注射的眉。当你跟她说："做眉形的时候，你的眉峰微调一点点，眉峰双C线起来，整个五官都会立起来。"这样一下就能戳中客户的痛点，并给她变美的方向，客户会觉得你很专业。

当你有美学理念的时候，你会给客户进行美学设计，面对客户的时候就能讲出更专业的内容，并有专业的轻医美注射合作团队，就很容易转化。

所以，门店的品项单从一开始就设计好，解决的是五官的平衡美感问题。流量品项美甲美睫满足的都是我们当下即刻变美的需求。

到了门店，给客户进行一个全美的面部美学设计，可以升单做半永久定妆。

当你在跟客户沟通眉形的时候，用专业的美学知识来设计她的五官，不仅讲到眉毛的美学，还讲到面部轮廓的美学。如果你的美学设计让客户非常满意，你就可以推荐利润品项轻医美合作、重医美合作或医疗抗衰合作。

这样你的门店看起来是个美甲美睫店，但是利润是正常美甲美睫店的10倍以上，因为围绕门店定位，品项结构环环相扣的商业模式会为你打造盈利闭环。

品项结构的搭建要注意以下3点。

1.要有扎实专业的美学设计功底。如果没有，一定要去学习，美学设计是所有美业人一定要会的基本功。

2.要想好你在哪个赛道赚钱。你的引流品项应该以终为始地倒推出来，绝对不能跟风选。你要想好是赚轻医美的光电抗衰的钱，还是想赚打针注射的钱。如果想赚打针注射的钱，那么客户群体的年龄段很有可能是20岁到30岁，想通过打针注射，改变眉弓、鼻子或者下巴；如果想赚光电抗衰的钱，客户群体的年龄段很有可能在30岁以后，这样你前端的引流品就完全不同，所以一定要以终为始地设计引流品项。

3.想好你要通过哪个品项赚钱。不能既要又要，什么品项都想赚钱。品项结构的搭建，是为了转化到利润品项。前端的流量品项不赚钱，升单品项才有一定的利润空间，真正要做的是转化到后面高客单价的利润品项。

作为美业门店的经营者，我们要在发展的前期就做好规划，充分了解客户的需求，然后制定好适合门店的品项体系，好的品项结构一定是围绕定位层层递进，环环相扣。

其次，通过门店的发展不断优化，把最重要的资源花在最有利润的品项上，打造盈利闭环。最终筛选出优质客户，提升门店业绩，实现门店的长期盈利和发展。

2/ 卡项设计

很多美业老板不清楚品项结构和卡项设计有什么区别，二者的确有重叠的地方，品项结构是我们的商业模式，卡项设计是收钱的方案。产品是通过我们的卡项设计环节来收现的。所以门店卡项设计，是门店品项结构的具体销售方案，是门店实现引流、锁客、升单的落地方法。

但是在卡项设计上，也会有很多的误区。比如没有整体卡项规划，盲目跟风；

掉入价格战陷阱，低价引流，导致低质量客户无法转化，还让老客户对产品价值评估不高，进而恶性循环，很难再升单；

掉进充值卡黑洞，让大量的客户充值，但没有配套的系统消化方案，门店进入预存款消耗危机，客户退费隐患风险较大；

还有很多老板目的不清晰，为做活动而设计活动卡，做项目大拼盘，挖掘客户需求不精准，导致客户犹豫成本高，而员工忙于交付活动，这样的投入产出比很低。

卡项的设计确实非常考验老板的营销思维，好的卡项能够精准地实现多个目的，比如到店率、升单率、留客率，不同的卡项有不同的功效。具体如何实操呢？

1.围绕定位做垂直聚焦，设计年度卡项设计

要思考定位如何落在品项上，品项如何转化为卡项去收钱，以年为单位，设计引流卡、升单的钱要怎么收。

一年春夏秋冬四个阶段，整体的销售策划要层层铺垫，环环相扣。前面的一季度、二季度可能都是引流拓客；三季度锁客到店，培养信任；四季度真正出了整体的营销方案，产生全

年70%的业绩，这很正常。

不能是到一个节日才去思考怎么收钱，一定要有整年的营销节奏。所以在门店定位和品相结构相结合的情况下，我们才能设计出正确的卡项。

2.四类正确的卡项

不管你是什么样类型的美业门店，都要有以下四类卡项，有的门店甚至更多。

第一类：引流卡

引流卡用于引流拓客，目的是筛选精准客户，锁定客户需求。引流卡其实就是团单，今天美业的获客方式离不开移动互联网。如果你现在还没有把团单和引流卡强关联，那你是脱离这个流量时代的。

我们以美甲美睫店为例，美甲美睫门店好的引流卡就是团单，比如你在抖音上挂三个团单：128元日式纯色百搭单色美甲，128元日式蚕丝美睫无限畅接，29.9元日式氧气女孩儿眉形设计。从团单就能看出门店品项结构，能看出来有半永久在里面。

再以皮肤科引流卡为例，如99元单次囊清洁加毛孔收敛，大部分的皮肤店都会用清洁来做团单，但是你可以比别人多做一步——毛孔收敛，因为很多客户清洁完了以后，都会想让皮肤毛孔变细一些，客户有这个需求，你就要写在团单上。

在设计时多想一步，你想的每一步就是客户心中所想。传统方式要求你通过文字和图片来描述，以海报来吸引顾客。到了移动互联网时代，你需要做足视觉营销和文案营销。

第二类：会员卡

会员卡用于留客锁客，目的是让客户多次体验，建立信任。能把会员卡设置好的老板是真正懂人性的老板。所有的大众点评到店、抖音到店，其实给了我们两次向客户展示门店的机会。

客户第一次到店，首先得有门店的参观和介绍企业文化环节，介绍企业文化不只是想让客户觉得门店不错，还想让客户了解整个品项结构。

到了面诊环节，面诊环节的专业性极大程度上决定顾客会不会二次到店。比如长沙一家门店的美甲美睫会员卡是这样设置会员年卡的：

980元会员年卡

每月1次的单色美甲

全年下睫毛不限次畅补

门店任意品项消费8.8折

每年一次个人形象IP打造，赠送三张造型照片

转介绍一张门店会员卡奖励100元消费

我们来分析一下：会员卡980元，第一项每月1次的单色美甲，平时做单次美甲要500元钱，一年12次6000元，这在客户心中就已经超值了。

第二项全年下睫毛不限次畅补，补一次下睫毛的价格大概是68到128元，如果一个星期补一次，一个月少花400元。可是客户连下睫毛都补了，上睫毛也会在那重新做的。这个老板很聪明，从人性需求上直接锁定客户。

第三项门店任意品项消费8.8折，这项设计会引流到门店的其他品项。

第四项每年一次个人形象IP打造，赠送三张造型照片。这项设计也是客户的需求之一，可以增加客户的满意度。

第五项转介绍一张门店会员卡奖励100元消费。如果客户觉得超值，转介绍很自然；又因为转介绍有收益，她的满意度还

会继续提升。

优秀的老板会从消费心理学入手，做好细节。现在互联网时代，营销方案一定要简单粗暴，让顾客一看觉得无法拒绝，就成功了。会员卡一定要解决客户多次到店的问题，通过增加客户满意度直接锁客，最后升单转化。

第三类：方案卡

方案卡用于方案、疗程，目的是为客户提供解决方案，也是店里的明星品项，有利润空间。

第四类：促销卡

促销卡用于福利活动，目的是激活老客，引流新客，活动促销。

综上所述，所有的卡项设计一定要围绕门店定位和品项设计环环相扣。卡项的每个环节，实际上我们考虑的是顾客的体验感，会员卡代表的是身份感，我们最终的目的是实现客户价值。

你要通过卡项设计的服务和追踪，改变客户思维，帮助客户向自己的目标迈进。我们不仅要赚钱，还要帮助客户获得更美好的人生。

3/ 聚焦体验感

美业的很多门店在与医美行业的合作中会发现，有越来越多的客户选择医美修复项目，但是亟须解决的问题是：客户为什么要相信你，选择你推荐的医美机构？

如果你的品项结构设计合理，每一品项又会给客户超值的体验感，最后你自然会刷到大单。我们要把客户体验感放在核心。

如何聚焦体验感？客户的体验感可以分成三个层次：感官层、行为层和情感层。

第一：感官层，建立客户感官品牌视野

感官层就是客户的五觉——视觉、听觉、嗅觉、味觉、触觉捕捉到的基本印象。

人类大脑至少有五条记忆轨道：图像、声音、嗅觉、味觉和触觉。这些轨道所包含的数据庞大到你无法想象，这些数据一经写入，会立刻定位在我们的情感中。数据还可以任意地快进或回放，甚至固定在一个非常精准的点位上。所以，对于客户来说，他"录"下的轨道越多，他的回忆就越丰满。

我们当时做全中国首家头面抗衰，怎么做的呢？有很多公司都在脸部做抗衰，而衰老是从头皮开始的，所以我们家的抗衰先从头皮开始，再到脸部。而且，我们还首次把美容院与下午茶网红店做了融合，当时喊出的口号是："全中国首家将下午茶网红文化与美容院相结合的爱美人士的第三交流空间"。

视觉：我把美容院枯燥的前台全部拆了，直接换成一个巨大的酒吧吧台，非常适合女生打卡拍照。围着落地大窗做了榻榻米，可以在落地大窗边欣赏风景，旁边放的是一张张美容床，

美容床之间用纱幔隔开，营造一种若隐若现、半公开的感觉，而不是一个个封闭房间，氛围轻松惬意。

听觉：客户一到店里，就会听到爵士音乐，心情会立马放松下来。

嗅觉：我们经常在酒吧吧台冲泡咖啡，店里总是弥漫着淡淡的咖啡香气。

触觉：客户无论是做身体还是做脸部，我们都有流程和仪式感，让客户体验到我们跟别人不一样。

味觉：客户体验后，我们还会提供网红小姐姐们爱点的单品，客户此时可以坐在榻榻米上休息，边喝饮品边欣赏风景。

当你的品牌营销照顾到客户的五种感官，就会创造更多与客户感官的接触点，以立体的感官体验取代话术，这样客户会得到全面的感官体验和情感体验，你的品牌进而就会在客户心中建立稳固的地位。

第二：行为层，流程化成交

行为层，就是客户跟一个项目接触时，我们做了哪些动作，这要跟战略定位相匹配。这些动作要流程化设计出来，简单来说就是制作用户体验地图，从客户的角度出发，记录下他与产品或服务接触、互动的完整过程。

你需要站在客户的角度，把从客户进店，到客户的每一步体验，再到最后怎么离开过程中涉及的关键步骤全部梳理出来。

我们以第五元素举例，第五元素定位很清晰，美容SPA养生是它的定位，一共12个品项，每一个品项都要做精细化梳理，每一个项目的发型、妆容、服装、饮食、配饰、香水全都要写出来，客户一看，全是精品。

比如98元的碳酸钙洗头团单，流程如下。

第一步：一进门是日式接待礼仪，表情要热情。

第二步：带客户到头皮检测间进行拍照对比，了解客户需求，检测话术要专业。"×先生您好，给您检测一下您的头皮。"检测完毕，"您看您的皮肤年龄是25岁，头皮年龄是35岁，衰老先从头皮开始，你的头皮螨虫占比为30%，水油不平衡，毛孔有点大，毛根有点受损。"

第三步：通过皮肤检测埋痛点，埋完了之后带到床边先热敷两分钟。

第四步：按摩。敷完了从头部开始进行全身按摩。

第五步：按完之后，拿出洗发膏，给客户种草产品的效果和功效，给他拍照对比，再告诉他长期用碳酸泉洗头对头发的好处。

第六步：上洗发水，讲解洗发水的功效。

第七步：头洗完了，再给他来个头部按摩，按3分钟。

第八步：顺着头给客户掏耳朵，掏5分钟，顺着耳朵按到肩，从肩按到胳膊，再按到手。

第九步：给客人头发补水后，把客人扶起来。

像这样梳理出8—12个王牌品项，每一个品项按节点制作全流程，带着团队员工学、两两互练、彼此考试、比赛评分，最后上岗。这样的成交就是流程化成交，也是未来成交的方式。你要用流程成交客户，而不是用话术和营销套路成交客户。

流程升级后，客户从美容床上起来，感觉做得太到位了，就会想要升单。要站在客户视角去设计客户体验流程，考虑客户需要什么，而不是事先介绍我们有哪些服务。

第三层：情感层，引起客户的情感共鸣

情感层，是要考虑这个品项能不能引起客户的情感共鸣，如温暖、激动、快乐、振奋等。所以，不能只关注步骤，还要关注客户的体验效果。一个好品项，是从"第一个客户"真正被满足开始的。

一个好品项，是从一个好故事开始的。

体验层次，其实就三点："好看、好用、好喜欢"。做到这三点，体验感分值拉满，商业价值倍增。

怎么应对充满不确定性的环境呢？《孙子兵法》里有一句话值得我们特别学习，即："善战者，立于不败之地，而不失敌之败也。"意思就是，要先把自身的事情做好，少犯战略性的错误。

所以，我们要根据定位，梳理并聚焦客户的体验感，因为客户体验会成为你的核心竞争力，而且在同维度竞争的时候，客户体验更是最重要的。

厚积薄发，"厚积"是公司的系统能力，"薄发"则是表面的呈现，即客户体验。

4/ 私域变现

互联网改变了人们的消费习惯，线上的搜索放大了客户的需求。如今，最合适的营销方式，是通过公域获客+私域引流。流量的尽头是私域，就像我们说整容的尽头是妈生脸，美甲的尽头是裸粉色，染发的尽头是自然黑一样，未来私域一定是趋势，一定要提前布局。

一提到私域，很多人就会想到微信朋友圈。其实做私域的本质是经营和用户的关系，蓝蒂蔻目前有300万粉丝，在抖音粉丝群里发微信号，沉淀到后端私域粉丝80万。私域流量，不是加个好友每天群发消息，发朋友圈广告给客户，而是更注重用户运营，是对用户精细化个性化关系的管理。

我们该如何做好私域呢？

第一：朋友圈IP打造

蓝蒂蔻在朋友圈最突出的是团队个人IP形象，而IP形象是一个综合性的展示。比如微信名前面不要加A，也不要加电话号码，很多人以为这样方便客户寻找到他们，殊不知营销味太重，别人一看就会产生距离感，自动想远离。

头像：尽量使用真实头像，让别人感觉真实可信。

背景图：背景图就是你企业的黄金广告位，可以用你的个人形象、职业标签、数据化案例、背书，做成图片或视频。

微信签名：你的品牌和个人价值观的呈现或是身份说明。

朋友圈内容：发朋友圈的目的是构建和客户的关系，好的关系是双向奔赴，所以双向互动才能深化关系。如果把互动效果数值化的话，你的每一条朋友圈的点赞相当于给客户的情感账户存了1毛钱，你的每一次朋友圈的评论互动相当于存了5毛钱，而你的每一次推荐销售相当于消耗了1元，你的每一次微信广告相当于减了10元。

我们给客服人员制定的标准是每天必须评论20个有效客户，并且截图发在我们工作汇报群里面；每天至少有50个点赞，截图发到朋友圈里面，这是私域客服人员每一天的绩效考核标准。所以，当我们有计划有目标地去安排每天朋友圈的建设，会慢慢和客户形成亲密关系。亲密关系，是我们开启商业未来的基础。

第二：社群激活

社群激活是很多人在运营私域流量时遇到的一个难题，我们可以从人性谈起，你想要理解客户的行为，你想要改变客户的行为，就需要理解客户的感受。

比如让人产生优越感的用户体验，都是客户感觉好的体验。我们曾指导一家皮肤管理店老板C小姐营造客户的优越感，通过私域流量起死回生。她通过两个月的时间，快速经营出一个300人的收费群，每个入群的人付费300元。因为如果不收费，群一定是废群。

解决方案有4个步骤。

第一步，建立一个微信群；

第二步，找老客户入群，每人收费300元；

第三步，让老客户持续在本店消费；

第四步，让老客户带新客户来本店消费。

可以相应地推出回馈老客户的优惠政策：

交300元入VIP群，永享8.5折优惠；

送出价值500元的代金券，每张券50元，共10张；

每在店消费一次满200元就可以用1张代金券，并且可同时享受8.5折优惠。

这样重新设计盈利模式，前端让利，会让客户人数倍增，后端客户复购次数也增多。通过这种玩法，门店变成了私域流量的拉新入口，因为门店前半年积累下来的老客户的信任关系，很快就招募了50个种子用户。

种子用户又会带闺蜜、妈妈、女儿、姐妹、同事来店里消费，其中又有一部分人转化为C小姐的VIP用户。不到4个月，一个200人的微信群就招募满了。

微信群要保持合理的规模。我们也曾尝试用做"大群"的方式来做社群，发现当群员超过350人时，就会自动分出大大小小的派别。人越多，价值观就越不统一，群内争论就越多；人越多，信息交流就越杂乱，就越容易导致信息过载，真正有效的信息就会被稀释，最后结果就是大家都不看群了。

同时，一个微信群的人数过多，与之对应的运营维护成本就越高，社群运营一定要有成本意识。虽然说搭建社群的成本已经低到不能再低，几乎趋近于零，但运营和维护社群的成本却在不断拉高。比如如何获取用户的信任，如何获得群体的持续认可，如何营造社群氛围，如何让用户愿意自动帮你传播和转发等。这种信任背后的隐性投入，是不容忽视的。

所以，微信群的人数不是越多越好，而是越精准越好，40—200人是微信群比较合理的规模。在微信群内，我们教C小姐一系列社群打法，具体如下。

红包：新人进群发红包；

仪式感：新人进群亮相，发照片、做自我介绍，群友"列队"欢迎；

活动：有计划地做活动，如组织聚餐；专门拍些活动及美食的照片，并在群里直播；让大家相互认识，不做任何推销动作，秉持"成人达已，正念利他"的心，为大家的生活做贡献；

礼品：成本控制在三四十元，比如端午节，在群里发红包（普通红包，每个人的金额都一样），同时给一个指定链接，让大家下单去买粽子等。

就这样，大家开始慢慢地认可C小姐，在微信群内的聊天逐渐变得轻松和随意了。后来，C小姐引进一台操作效果非常好的皮肤项目仪器。她把这台仪器可以达到的效果做成了一张海报，每个品类都设置了体验价。接着在VIP群里告诉大家，如果谁有意向使用，可以带闺蜜、好友一起，以最低价使用，享受最大的优惠。这时群里的客户就会产生很强的优越感。

就这样她卖了500多单，仪器还没买，先把仪器的10万元赚回来了。这种预售的方式，让C小姐彻底感受了一次"私域流量"的独特魅力。所以，只要做好私域，展示可以不在门店里做，商品可以不放在货架上，收银可以不在柜台上，无库存，不押款，业绩快速上涨。

所以，像C小姐这样，在流量上，一方面要做加法，一方面要做减法，激发客户的优越感后精准变现。做减法，越精准越轻松。

流量的尽头就是私域，而私域变现的目标不是提高转化率，而是筛选出高价值客户，从而转化成VIP客户来重点服务，提高他们在单位周期内的总成交额。

梁宁老师曾提出"三级火箭模型"：第一级火箭，搭建高频头部流量；第二级火箭，搭建沉淀用户的商业场景；第三级火箭，完成商业闭环。

私域变现的逻辑也是如此。第一级火箭，以线上直播和短视频获得头部流量；第二级火箭，用私域运营的VIP体系来沉淀高价值用户；第三级火箭，通过品项和卡项设计完成商业闭环。三级火箭，就是通过不断制造势能，自己把自己推起来的私域变现模式。

》第三章

全局篇：成在全局（一）

1 / 企业的十大基本盘

很多人上了很多课，在课上听得好像很明白，但一回到店里，又陷入一团乱麻。如何从手艺人变成生意人，我研究了14年之后终于找到了做企业的规律。自从了解规律之后，我们的服装品牌一出手就销售了2000万。其实所有的成功都不是偶然的，你必须找到背后的底层规律。

就像我们画眉毛，初学者会凭感觉来给客户画眉毛。我在画眉毛的时候深入研究过眉毛到眼睛多长好看，眉尾与眼尾需要什么角度，眉尾与耳朵需要什么角度，眉峰与眼睛需要什么角度。当你掌握了这些规律以后，只要你画眉毛，就一定能出彩。

创业也是一样。你需要系统地去研究背后的规律。你上课的时候会发现讲股权的课程就只讲股权，讲薪酬设计的课程就只讲薪酬设计，大部分的教育机构只是某一个领域的专家，所以他把这个细分领域的知识交付给你。

创业就像装修房子，你今天觉得沙发好看，把沙发买回家。明天卖柜子的机构说："我们家柜子打八折，这款两米八的柜子好用又实用。"后天卖窗帘的机构说："这个窗帘放在你家里特别有高级感。"但你把这些买回家之后，会发现搭配得很混乱，不成体系。

在门店经营中，如果门店擅长卖卡，能够把项目组合放在一起是最好的。比如把美白补水抗衰做成组合，原价1280，现在打包在一起380卖出去，团队卖得很起劲，利润赚了20多万，可是下个月再卖这样的打包产品，就不一定有用。

问题出在哪？

没有长远的战略目标，你很难有持续的动力向前发展。创业需要系统思维，千万不要再去碎片化学习，否则你的公司就是四不像。我这两年花了100多万的学费，终于明白手艺人到底是怎么落伍的。

你只学习一个领域，考虑的范围是一个点，就不可能把所有的珠子穿起来。比如你去某个机构学习，老师说"股权很重要，不会分股份你就做不大"，你就信了。这还是手艺人思维，因为你看到的还是一个点。

而生意人了解创业全局的游戏规则，是修建渠道的人，他必须知道水从哪里流下来，怎么流经他，怎么流向别人，怎么回流，缺任何一个环节都不行。

无论是世界500强，还是刚起步的小公司，所有企业都是围绕着以下十点进行发展。你把这十点打磨成功，就是你资产过亿的开始。

第一：愿景定位

定位就是定江山，战略就是你的品牌愿景、使命、高度，你决定赚谁的钱。

你做的品牌，要在客户心中形成标签，占领客户的心智。

竞争战略之父迈克尔·波特说："不幸的是，往往在出现失败的时候，人们才会想起对战略的关注，我想真正的挑战是怎么让人们更重视战略，甚至在没有出现危机的时候。"

愿景定位就像选车道，一旦选错了道，车子开得越快，死得就越快。

第二：差异化定位

企业有了愿景定位，你的差异化定位才能更清晰，你的产品才会出来。差异化的本质，是给客户一个选择你而不是选择别人的理由。

比如你开美甲店，你的美甲店是品类多还是做美甲速度快，是服务好还是做高端。好多美甲店有一些莫名其妙的服务流程，做指甲需要35分钟，你就可以采用逆向思维设计，做美甲定位在速度快，速度快是你们的特色。

所以你需要思考如何在细分市场上做到差异化，针对客户的不同需求，提供更好的个性化解决方案。

第三：产品战略

当你有了清晰的差异化定位后，要以差异化的方式做产品战略。做产品设计时千万不要贪多，而是要为自己的品项、卡项做减法，要做到一米宽、千米深、万米深再到10万米深。

用爆品思维，聚焦于你的战略选择，所有和战略不一致的产品都砍掉。要知道，所有的高手都会断舍离，动作极简，一招致命。

坚持靠爆品打开市场，通过品牌定位建立壁垒。

第四：人才管理

产品出来了，你就可以把符合产品要求的人才找来。人才，是企业最重要的资产。招人的时候一定要有一套自己的人才胜任力模型测评工具，这样招聘才不会凭感觉。

第五：客户分层

企业有了合适的人才，人才梯队会搭建出来，这样才能更好地为客户提供精细化服务。好好经营用户战略，做到客户分层，管理分级，服务好大鲸鱼客户，实施大鲸鱼战略，就是要让所有人的起心动念都放在成就客户上。只有客户成功，才有我们的成功。

公司的成功不在于鱼多，而在于只为一小部分客户服务。

这个世界就是这样：除了聚焦，其他都是成本。只有聚焦，才会赢得竞争。

第六：机制设定

为了更好地进行人才管理，我们需要设定好机制。小团队靠个人，大团队靠机制。薪酬机制、晋升机制、管理机制分别具体涉及怎么分钱、怎么分权、怎么分责。很多美业人做生意从来都不记账，月底交完房租，发完员工的薪资剩下来就是自己的，这样开店都走不长远。

不设计机制，不了解自己的经营状况，就很难做出正确的抉择。这就好像你都不知道客户的身高体重、身形风格，就直接推荐一件衬衫："宝贝，你穿这件衬衫好看。"

可是好看不是你定的，你要知道客户喜欢什么风格、适合什么风格、出现在什么场合、平时需要展示哪种形象，这才是负责任的美业人。

第七：营销管理

互联网时代，新美业创业者一定要做好营销，营销就是曝光流量。营销又分为天网、地网、人网。天网是做曝光的，曝光量越多越好，越大越好，全网营销先把数量做起来，曝光越多越好。

曝光量决定客户来到地网的数量，地网注重体验感、服务和效果。人网则是代理模式，负责成交。

很多机构只是单纯教给你一个方法，这个方法是否适合你，你需要用系统思维去觉察。不仅要知道未来时代流量的重要性，通过短视频种草、直播做引流成交，更要通过实体店做体验承接。这是一套系统打法，不是单纯引流。

第八：数据管理

公司现金源源不断流入的时候，作为老板一定要学会看数据。

老板必看的三大数据报表：现金流表、利润表、资产负债表。这些数据是帮助你做公司运营状况体检用的。你要深刻理解这三张表，相当于我们去体检，发现原来自己患有高血压、高血糖，就知道不能再熬夜，不能再吃甜的了。

学会用数据做复盘，三张报表会给你提供详细的数据。三张报表会告诉你公司账上有多少现金流，有多少纯利，员工工资发了多少，产品耗材发了多少，哪个节点出了问题，复购率低是什么原因。

你在数据上一点点磨出来的成功，就是你的壁垒、你的护城河。

第九：资源整合

有财务报表数据管理，接下来就可以进行资源整合。

比如你有一家专业的皮肤管理店，特点是科技美肤，有补水、美白、抗衰、祛痘、修复五大项，每一个项目都有机器设备绑定。这样，抖音拍摄能体现出科技感；公司理念是科技更高效；人员都是年轻的、好看的，会使用设备，会做互联网；薪酬体系的股权架构和财务报表清晰，这就是一家健康的公司。

既然健康，下一步就是开疆辟土，可以二分店、三分店、四分店、五分店开起来，还可以华南分公司、新疆分公司、内蒙古分公司等开起来，融资开疆辟土，占领高位。这就是从一到一亿再到一百亿。最难的是你必须保证公司组织架构很健康，这就需要按照公司的十大环节来设计搭建。

人生的财富核心关键是赚到第一个一百万后，才能跨到下一个台阶。

第十：文化传承

最后，公司越来越大，就需要有强大的企业文化。

我的偶像马斯克曾经说他来到这个世界上的使命就是要改变地球，改变全人类。他简直是世界上最酷的人。受他影响，我最近考虑把保时捷换成特斯拉，特斯拉好不好用我不知道，但是我觉得我开特斯拉的时候，能感受到马斯克传递的文化价值观。

你要告诉全世界你想解决的是什么问题。比如你告诉全公司的人，我们做皮肤管理是为了帮助全天下爱美的人拥有健康的皮肤。制定出具体的审核标准，让你的企业文化可评估、可衡量。其次抓住关键人，让文化传播有抓手，最后把你的企业文化触入具体的工作流程，让文化传播可落地、可执行，这样才能锻造出一支价值观高度统一的团队。

总结一下，只有理解企业的十大基本盘的次序，以及它们之间的逻辑关系，并全部落实到位，公司才能健康持续发展。

世界500强全部都用这套流程，它们做任意一个项目，都可以做到千万、亿万量级。

想让企业获得持续增长，就需要持续练习这十大基本功。这样的运作能力，最终会体现在你的财富上。

很多人听说新医美是最好的赛道，说未来新医美是万亿市场，是好赛道，一听就信了。可是你认真思考过一个行业是好赛道的标准是什么吗？背后的逻辑又是什么呢？

从事一个行业的第一件事永远是愿景定位。定愿景就是定战略，战略就是什么能干什么不能干。

比如你是要做轻医美，还是要做私密抗衰？是要赚20岁人的钱，还是要赚40岁人的钱？是要做低端，还是要做高端？说得再具体一点，愿景定位就是你到底要开一家什么样的店，赚谁的钱，准备做多大，帮客户解决什么样的问题。你到底要开一家什么样的店，开一家怎样的公司，这些问题都要提前想清楚。

愿景是一种选择，更是宣告一个伟大的目标。不要觉得有个闺蜜开家美容院，好像挺挣钱的，自己跟风也想开一家，这样很难做好公司。一定要有清晰的愿景定位，聚焦才能赢。

可是如何做出清晰的愿景定位呢？要以终为始地思考。分享给大家一个黄金公式，这个黄金公式可以帮助你判断你所选择的行业是否在正确的愿景定位之内。

黄金公式：营业额=客单价×客户量×复购率

按照这个公式思考以下几个问题。

1.客单价：你所在的行业客单价怎么样？高客单价格还是低客单价格？

2.客户量：你所属的行业发展趋势是越来越好，还是在走下坡路？

3.复购率：你所属的行业复购率是高还是低？

计算黄金公式后，你就知道选的赛道是否优质了。

比如轻医美行业客单价高，客户量也是越来越多。医美复购率如何呢？拿我自己举例，我的嘴唇六个月打一次针，让唇形更饱满，眉毛两年文一次，眼窝补针的频率和烫头差不多，满脸都是玻尿酸、轮廓固定，没过几个月垮了又得钉上去。所以，你可以看出轻医美是高客单价、高客量、高复购率，确实是好赛道。

再来看下婚纱行业，婚纱客户量越来越少。你如果再做低端，做一个婚纱摄影行业中的大众品牌，那么这样会导致客单价低，而且婚纱的复购率低，很少有人愿意拍第二次婚纱照。这样既没复购，客户量又少，倒闭只是早晚的事。

我经常接到学生的求助："老师，我从事婚纱行业，快撑不下去了，该怎么办？"我说这不是你的问题，是整个行业的问题。如果你想继续从事婚纱行业，就要通过黄金公式来思考未来的发展方向，你只能提升客单价了。

所以婚纱行业一定要走高端路线，定位高端，一年做20多个客户，一个客户几十万甚至上百万，这个时候你要不断地打造你的能力模型，学会建立价值思维，而不是单纯的价格思维。一味的低价或优惠并不能让你持久生存，唯有不断进化，才能让你屹立不倒。

所以愿景定位不是让你赢在现在，而是赢在未来。不管你做什么行业，都要照着行业标准来做。因为今天不再是城市竞争、国内竞争了，而是世界竞争、全球竞争。

我们就是这样做的。蓝蒂蔻1980元的"流量战争"，三天两夜里面全是干货，会场中的视觉营销、音响、灯光、讲师的颜值，都被认为是全美业要求最高的。我们是新的教育公司，我在讲课的时候，把我们做的每一个动作按未来教育行业中的标准来做。

我们可以，你也可以。比如皮肤管理师的形象气质就是未来所有皮肤管理师的标准，服务流程中床单的铺法、按摩手法，与客人互动与介绍产品的节点，每个动作都打造成未来行业的标准。

一流的公司做标准，二流的公司做品牌，三流的公司做产品。你需要重新定位愿景，这样才能赢在未来，做到行业第一。

3/差异化定位

曾经有个学员问我："我应该拍哪个项目的短视频？"

我："你家有什么项目？"

她："我家有美甲、美睫、养生按摩、皮肤管理。"

我："哪个是最好的？"

他："都很好。"

我："真的吗？"

他："Gina老师，我们家项目真的都很好。"

我："好，我知道了，你们家的项目都不太好。"

因为你很难把所有的项目都打造成最好的项目。《孙子兵法》中提到"先胜而后求战"的作战原则。孙子的观点是军队有胜利的把握后才会寻求同敌人交战。商界如战场，你的愿景定位要清晰。很多美业人都重视战术，却忽略了商业战略上的思考，这极其危险。

有了愿景定位，你的差异化定位才能更清晰。

比如你选择皮肤管理赛道，可那么多皮肤管理，你的差异化体现在哪里？有人从事皮肤管理中的古方皮肤管理，研究了中国5000年历史中古老传承的奥妙，配合中草药来进行皮肤管理，主打一个天然健康，古方皮肤管理就是差异化标签。

有人从事皮肤管理中的科技美肤，从第一步清洁到最后一步，每一个项目都用高科技仪器，科技美肤就是差异化标签。有人围绕肽系列做基因抗衰，服务和产品全都跟肽有关，基因抗衰就是差异化标签。

很多美业人在赛道里越做越焦虑，越来越内卷，就是因为没有做出差异化。内卷作为一个学术名词，含义很深。它最简单的意思就是：内向演化，低水平的复杂。那你没有差异化，没有创新，客户很快就会感到疲劳。所以不要和那些固定不变的东西较劲，而是要思考哪些是确定正在发展的事物。

在你的赛道里，怎么做出差异化呢？思考路径有两条。

第一条路径：看用户的痛点

比如你想开一个美甲美睫店，你要找用户的痛点。用户做美甲一般会觉得耗时太长了，做个指甲要两小时，再加上来回车程要三小时。对于很多用户来说，时间最宝贵，所以节省时间就是美甲用户的需求。

我们做美甲品牌Pink Banana，聚焦于帮助那些没有时间但又想做美甲的女孩子，只需要10分钟就能做完，主打特点是快。

快到什么程度呢？客人说："屁股还没坐稳，已经结束了，这是我遇到过最快的美甲店。"我们还可以拍一系列的短视频，比如指甲油是什么品牌，座椅是什么规格，美甲师是什么级别，指甲做完的质感细节对比，这些都可以拍成一系列短视频。

这样的品牌战略方向是迷你门店连锁。我想做美甲行业中的周黑鸭，店铺3平方米就可以了，可以靠开店的规模赚钱，店越多越赚钱，更重要的是规模效应会成为我们的商业壁垒。

我还有一个学生也是靠快解决了美甲的痛点，只是方式不一样。他做了一个新的项目设计，借鉴了牙齿提前做牙模节省时间的方式，用在了美甲上。他会给VIP客户直接做石膏模具，把手伸进去，3分钟之后，手就可以拿开，这样客户的手的模型会留在店里。

让客户把喜欢的款式提前发给他们，他们会拿着客户的手模，把客户喜欢的款式提前做好。这样客户来到店里，已经做好的美甲，只需要在客户手上贴、烤、封就可以了。客户特别喜欢这样快捷的方式。

所以，任何美业人都能用定位战略思考自己的价值创造，如果你不会使用这一原则，无疑是将机会让给别人。

第二条路径：思考标杆对手做不到的事情

要找到标杆对手做不到的事情，去想能不能成为自己企业的差异化。

如今做教育的人太多，有人只教你如何做抖音，但我教你的是抖音转化来之后，怎么吸引到店里的全套经营管理，与流量形成闭环。

有人只教你经营管理，但这是一个互联网时代，如果不懂得从互联网上获得流量，那经营管理还是传统的经营管理。我们家也叫经营管理，但是我们教的是如何从抖音获客，线上线下如何相结合的经营管理。

有人只教你如何做卡项，我们家具体教你线上卡项怎么设计，线下卡项怎么设计，线上线下闭环怎么设计。同时，如何透过卡项做好数据化管理和经营管理，我比某些人教得更有深度，更全面。

很多人都在打一个点，而我主打一条线，帮你活在流量，赢在后端，成在全局，做全案服务。这样的差异化一出来，很多客户就会选择我们。

美业也是一样。我有次跟几个大咖聊天，他们很看好一个项目：高端皮肤管理的上门服务。如果你们家门店高端，客户也高端，你开的高端店就可以辐射方圆一两公里。

如果你再设置一个门槛，设计一个VIP黑钻卡，客户买了黑钻卡，你就可以安排护理人员上门。这很有市场，比如我、丹妮、笑如这样的客户，我们更愿意让服务上门。

因为我们根本就没有时间去店里做护理，一来一去，四五十分钟就没有了。如果有一家高端皮肤管理店可以提供上门服务，那我在课间休息的一小时会提前给你打电话，晚上六点半下课到七点半，你带着工具来一个SPA，做完，980元划卡。

若你真的这样实操，可以给方圆三五公里的高端客户提供上门服务，给员工配一个小电动车，你的销卡会很快，而且你能把那些原本高端的客户直接提升到更高端。有一些一线城市的店已经这样做了，而且效果非常好。

再比如一家皮肤管理店，一共就6张床。床都躺满了，你要想再提升点营业额，是不是还要扩店？如果不扩店，而是开通上门服务，不仅解决了床位的问题，还解决了耗卡和高端客户充卡加速的问题。

所以，不要限制自己的思维，要去做差异化的价值创造。你越聚焦差异化，客户越精准，更重要的是抖音IP越好做，抖音平台会更容易找到你的定位。

一项事业，你越能做到差异化，越能出圈。如果差异化和你的热爱相关，这份事业更能持久。所以需要问自己三个问题：

1.我最擅长做什么？

2.我最想做什么？

3.我能做什么？

这三个问题是每天都要问的。你不一定能做你想做的，你能做的不一定是你擅长的。所以你要找到一件事情是你想做的，还是你擅长的，并且你也能做的，把这件事情做成行业第一，做成专家，用一万小时原理不断打磨自己，你就能拿到结果。

抖音上有个真实的案例，有人开理发店，在抖音上也拍各种短视频。以前尝试过很多种方法拍摄，一会儿拍烫照，一会儿拍染照，一会儿拍男士发型，一会儿拍女士发型，每条流量都一般般，也没有一个人能记住他。

直到他开始拍剪刘海，视频火了，他本人也开始火了，因为他有差异化。当你看到他在视频中不断帮别人剪刘海，还剪得很好看，你也会想到他的理发店去剪个刘海，因为他视频的火爆，现在找他剪刘海一定要提前几个月预约了。

我们再往前延展一下，当客户到他的店里，不会只剪刘海，还会去染发、剪发、烫发。他的确有更多的产品，可是只聚焦在刘海上，所以他在抖音剪刘海的这个狭窄领域迅速占领了别人的心智。如果想给别人留下长久的印象，必须把你的定位标签印在客户的心智中。

所以，你应该聚焦于客户的认知。

做事的时候出了问题，绝大部分人本能反应都是马上想怎么去解决这个问题，其实这些都是应激反应，而只有很少的人首先想到的是定位问题，围绕着定位如何去创造价值。

世界总给我们出选择题，想让我们在两难甚至多难之间作选择，而当我们想在选择中拿到最优解，就需要对自己有清晰的认知。

做多是人性，做少是吃亏。愿景定位和差异化定位决定公司能走多远。所以你要在开战之前，确定战略，认真思考差异化定位才能赢得战役的胜利。

当你创造出来价值，有了差异化之后，就要开始做产品战略。

整个产品战略中，比起产量，品质更重要。今天的互联网时代，大家一定做少做轻，要有爆品思维。问问自己能不能设计出来一个让客户赞叹的超级大爆品？因为大爆品会成为公司营业额的一个巨大来源。

就像肯德基靠汉堡撕开口子，但肯德基不靠汉堡赚钱，而是靠可乐赚钱，靠蛋挞赚钱，最不赚钱的就是汉堡。

所以千万不要认为品项越多，营业额就会越高，有些人三个亿的营业额就是三个品项干出来的，可有些人30个品项一年都没赚到30万，所以高营业额跟品项多少没有一毛钱关系，跟你的产品设计中的爆品思维有关。

我们原来订购衣服是走过弯路的，当时整个仓库里有500多件衣服，我辛辛苦苦卖了一年，还赚不够60万，剩下一堆库存。最后把那些货甩掉之后，才赚60万。产品体系越多，亏得越多。

现在我们改变策略，用爆品思维设计产品，来来回回就那十几套高定衣服。因为蓝蒂蔻做的很多衣服是手工定制的，都是一级奢侈品大牌的质感，下单200件起。两个新款40万成本砸出去，卖了三件，对比不砸40万，穿原先的衣服也卖了三件，这两种生意，肯定是后者利润更可观。

所以你要为自己的品项、卡项做减法，要做到一米宽、千米深、万米深再到十万米深。

可如何聚焦呢？

第一：和战略不一致的砍掉

互联网时代，时间和客户是无限的，但是你的资源和时间都是有限的。

你只需要用爆品思维疯狂地把流量做爆，全球的客户都来购买你的产品。我们就是如此。我们有1980元的"流量战争"，39800元的"新美业总裁班"，29.8万元的商业全案定制。

成本没有增加，但客户一直在增加。如今的营业额，一个月大概一两千万的入账，利润空间很大，团队很聚焦，我们更有精力把每个产品打磨成品类第一。

所以做一米宽、千米深、万米深、十万米深，那么你的店里的品项、卡项也要做少，聚焦于你的战略选择，所有和战略不一致的都砍掉。要知道，所有的高手都是断舍离，动作极简，一招致命。

第二：复购率低的砍掉

没有复购率的产品，会大量地消耗你的人力物力财力。我们曾有一门课程，名字叫"形象市值"，专门教人怎么穿搭，后来发现根本教不会人。

我教了半天该怎么搭配衣服，学员回家以后，柜子里的那些衣服搭完，还是一样丑。教了半天也没复购，也没转介绍，每次上课累得要死，后来直接砍掉。换个思路，不教穿搭课，直接卖衣服，这是最好的解决方案。

第三：利润率低的砍掉

因为每个动作都有成本，所以利润率低的产品也要砍掉。

第四：品质体现感做到10倍好

你店里的品项多、杂、乱，就注定有一些品项体验感做得一般，你还不如做少做精，把体验感做到极致。

第五：高标准、严要求、零缺陷

我们团队中的张嘉铭经常给别人出方案，很多微商代理模式都是她写的，她自己在那里写方案，写完以后，经常说："怎么办？我这个方案太厉害了，我自己都想加入！"

我说可以，那这个方案应该是差不多了。所以好好思考你自己写的方案，是否有写完自己都想刷卡的意愿。如果有，说明这个方案到位了。品项也一样。如果你自己做完品项后，自己都想加入，证明这个品项做对了。

所以，不要让员工背话术，所有的成交话术，都是没有感情的，话术不会成交任何人，唯有底气才能感染客人。所以你想要业绩好，产品卖爆，你就必须做到高标准、严要求、零缺陷。

第六：迭代、进化，再迭代、再进化，当下师为无上师

在搭建产品体系、带团队的时候，一定要迭代、进化，再迭代、再进化，这才是你成功的秘密。因为真正厉害的人都是悄无声息地、偷偷地迭代、进化，他会让偶然成功变成必然成功。

去外面学习很重要，团队内训也很重要。比如你们家做了一个99元的抖音团单皮肤清洁，有4个皮肤清洁师，这个月抖音上来了40单皮肤清洁，4个清洁师ABCD一人分配10单，结果A升单了8个，B升单了2个，C升单了6个，D升单了3个。

老板必须每个月看数据，对数据很敏感。数据一看，A是升单冠军，马上找到A："A，上个月给了你10个单，8个升单，你是怎么跟客人聊的？什么时候跟客人说的？你怎么迎接客人的？你怎么升单的？你的秘诀是什么？"

员工一般都不知道自己怎么成功的，他是凭意识做的，老板如果不深挖原因，员工是没有办法把经验交出来的，这挖和问一定能找到答案，找到经验之后做成标准，发奖金、给奖励、给名誉、开内部培训会，把成功员工的整套逻辑复制出来，让他教会剩下三个人。剩下三个人若是带出来了，每人的业绩再给他提1%。

把他的方法提炼出来，提炼完了相互学，学完了相互对练，练完了考核，考完了比赛，比赛完了评分，其余三个人的水平会有所提升，这就是"当下师为无上师"。当年蓝蒂寇的成长顾问，从当年销冠一个月只能做20万业绩，到现在我们销冠一个月能做200多万业绩，就是这么做起来的。

所以，一定要有爆品思维，创业前方还有无数机会，但是流程一定是：起于爆品，终于品牌。因为品类不成熟的时候，客户买产品；品类成熟的时候，有品牌才是赢家。

到了信息时代，尤其是互联网时代，在价值创造中，人才越来越变成决定性因素。贝恩咨询公司的迈克尔·曼金斯（Michael Mankins）在《哈佛商业评论》发表文章，他们在研究了25个跨国公司、调查了300多名大公司高管后发现，真正将一流公司与普通公司区分开的，是调度人才的方法。

如何做好人才管理？我们从"选人、育人、留人、裁人"

这四个角度，谈谈如何把最合适的人用在最合适的位置上。

第一：选人，聚焦人才画像

首先，你要先做出产品体系，才知道要选什么人。我们所有的员工进到公司，会安排他们做四大心理测试，结果不一定100%准确，但50%准确，这样可以提高效率。作为老板，你要学会找规律，找到合适的人。

我们有四个性格测试，其中一个是乐嘉老师的性格色彩，性格分为红色、黄色、蓝色、绿色。比如我们招聘的人才画像是偏商业类型，所以头发花红柳绿，看上去很不稳重的人，是不适合我们的。销售课程需要有强大的沟通能力和社交能力，所以我们需要红色性格和黄色性格的人才，那么不善言谈的蓝色性格和绿色性格，都不适合我们。

这就涉及三大能力模型，我们分别来分析。

第一个能力模型是以黄色为主，黄红或红黄。最能拿到结果的大部分成功的企业家，基本以黄色性格为主导，所以艾丽老师黄色性格23个，Gina老师黄色性格22个，张嘉铭黄色性格23个，婉琴老师黄色性格21个。这些成功的女性，眼里只有目标，不感情用事，所以更容易成功。

黄色性格的人目标感很强，领导力极强，他们的人生核心关键点是目标，只要心脏在跳，目标就在。这类人特别适合攻克一个个目标，你让他完成200万业绩，这200万业绩会变成他心中的目标，自己会主动完成，自己有清晰的方向。

红色性格的人，兴趣点很多，脑子很活，情绪释放很满，感染力很强，爱被夸奖。如果你打前锋的员工是红色的，作为创始人你要盯着他，因为不盯着，红色性格的人就容易跑偏。

第二种能力模型就是以蓝色为主，是蓝黄或者蓝绿。以蓝色为主的人，特别适合当总经理，当二把手、三把手，这一类人逻辑很清晰，做事井井有条、中规中矩、按部就班。

蓝蒂蔻的总经理Tia就是以蓝色性格为主，蓝黄性格，所以我们公司被她打理得井井有条。像我这样领导人更适合带领团队创新和破局，但是需要有这样一个做事中规中矩、踏踏实实、细心谨慎的领导人帮我守家。

第三种能力模型是以绿色为主的绿蓝。这一类人追求安稳，喜欢待在舒适圈，这类人其实是比较难管理的。但是用好了也很出彩，因为他们追求和平，懂得付出，很有爱，所以他们适合在店里做教培、服务、售后等工作。他们因爱而存在，所以你把客户交给他们服务，他们会非常有爱，非常有耐心。

第二：育人，聚焦培训机制

在蓝蒂蔻，每一个讲师都必须是在各个领域里有实战经验的专业人士。我们的培训机制会让优秀的人培养出更多优秀的人才。我们对新人的入职培训、季度的培训考核、内部课程转训都有严格的要求。

在我们公司的管理体系里，所有人想要晋级，都必须培养出下一个优秀的储备人才。这样管理者培养人的积极性才会被调动起来。

第三：留人，健全晋升、晋级和薪酬体系

很多大公司都有清晰明确的晋升晋级制度。晋升的意思是升职，比如皮肤管理师升为店长就直接叫升职；晋级是在同级别上了一个级别，比如店长分副店长和正店长，从副店长到店长叫晋级，或皮肤管理师从一级升为二级。

90%的人都没有目标的方向，留住人就是给别人方向，别人就能留住，留不住人是因为别人来到你的公司没有方向。比如小王来到你的店里给你打工，他是蒙的，就想赚钱，剩下他

什么也不知道。

你要告诉他："小王，你现在是一个皮肤管理师，你做够200个客户没有投诉，并且业绩不在公司倒数30%，只要在公司待满半年，你就可以成为一星皮肤管理师。你的底薪加300元，提成再加一个点。"这样小王每个月都会有方向。

他刚到新公司，前面有新鲜感，但新鲜感大概也就持续半年，到了半年左右，人都会有一种疲倦期。即便再爱这个公司，再喜欢这个老板，也会有疲倦感。在这时候，必须有晋升、晋级和薪酬体系，才能不断地给员工动力。

第四：裁人，设置好公司触底的"电网"

有些人不符合规定，一定要直接裁掉。公司必须有一个"电网"，但是很多公司里没有"电网"。很多人以为奖励更能激励一个人，其实刚好相反，惩罚更能激励一个人。

我讲一个情景你就明白了，比如我跟一个人说："亲爱的宝贝，今天中午12点下课之前，你必须给我卖出这三张1980元的门票，每卖一张给你提980块。"这是奖励机制。我换种说法："如果12点没有卖掉，围着这个教室爬5圈。"

因为我说了中午12点之前卖三张1980元的门票，卖一张给他980元，他卖到11：59还没卖掉，他顶多会想：算了，那980元我就不挣了。

但如果12点没卖完，一会儿上课的时候，他要在教室里爬5圈，他饭都不想吃，会拼命去卖掉。所以员工激励不起来，你动不动就拔高提成、打鸡血，这是没用的，必须有惩罚措施。

我们原来在开店的时候，推出"连续三个月工资低于6000元直接开除"的规定。我那时带着员工卖卡，卖100抵1000的会员卡，我会让每一个人领任务，比如你卖前50张，每张给你提20块，你卖到50张到80张，每张给你提30块，你能卖到100张以上，每张给你提40块，卖的越多，提成越多。但是如果你连25张都没有卖掉，前面卖掉25张的钱，我也会全部直接收回来，并且再罚款500。

只要这个规定施行下去，我们公司的员工肯定是打底一人卖25张，我有10个员工，我就知道我这场活动卖出的会员卡是不可能低于250张的，结果就在你的控制范围之内。但是如果我不这么讲，就会有人只卖10张，甚至只卖8张，最终的结果你心中都没底。

所以，做好"选人、育人、留人、裁人"的人才管理，才能久久为功，步步为营。

>> 第四章

全局篇：成在全局（二）

6/ 客户分层

商业分两级：锁定高端和大众市场。很多美业人打价格战，最后被同行逼到走投无路，就是因为很多人没有商业思维。

对于中小创业者来说，锁定高端更好做。为什么？因为我们没背景，没后台，我们更适合提供精细化定制服务给客人。那些大众市场，别人背后要么有资方，要么有工厂，批量化，别人有规模才能做大众市场。

可是90%的创业者都会选择做大众，做低端，因为我们总会觉得便宜的东西好卖。很多做生意的人根本不知道谁是客户，这里有一个底层认知：所有的消费都来自习惯，而不是来自便宜。

别人打价格战，他把那些贪便宜的客户全吸走了，这些人根本不是因为喜欢护肤，喜欢美容，就像被980元一支玻尿酸吸引来的客户，只是想感受一下，感受完就消失了。这样贪便宜的客户越多，他们家亏损越厉害。

所以，当别人打价格战，你就拼命提高自己的品质，吸引高端客户。意大利经济学家帕累托发现：20%的因素影响80%的结果，这个法则普遍存在于人类社会和自然界中。这就是著名的帕累托分布，也叫二八法则。

比如20%的人掌握80%的财富；衣柜里20%的衣服占据我们80%的日常穿搭；20%的客户贡献公司80%的业绩，这20%的客户中还存在二八法则，也就是4%的人贡献了64%的业绩，这4%依然存在二八法则，4%乘20%是0.8%，约为一个点，所以我们通过二八法则能够推算出一家店里有1%的中高端精准客户，贡献了店里51%的业绩，而这种客户叫大鲸鱼客户。

2002年，一万小时定律的提出者格拉德威尔写了一本新书《引爆点》。在这本书中，他提出要引爆一个事件，第一个条件叫关键人物法则。也就是说，你必须找到一个有话语权的意见领袖来为你代言。

我们要想引爆自己的公司业务，首先要在公司找到关键人物——大鲸鱼客户。老板必须找到大鲸鱼客户并亲自服务，一旦你服务好大鲸鱼，你就有更多机会突破圈层、跻身鲸鱼圈。

当你突破圈层，游入鲸鱼圈，这个圈子本身会给我们带来更大的增量。那种"与龙共舞"所具备的资源整合优势，则会进一步加速公司发展的步伐。

做生意有低端、中端、高端，但也请你做低端中的高端，中端中的高端，高端中的高端。不管选哪个技术，尽可能选你本赛道中的塔尖。经营的逻辑是追求投资回报率，因此，经营的本质是效率，效率讲究的是精准。因此，要聚焦锁定高端。

锁定高端之后，你需要实施用户战略：客户分层，管理分级。如何实操呢？

1.老板负责大鲸鱼客户，管理精细化。

2.店长或老员工负责中客户，管理流程化。

3.基层负责鲸鱼苗，管理流程化。

比如抖音挂了一个99元的皮肤清洁的团单，店里皮肤管理师负责做99的传单，客户来了以后，他们负责流程化接待，清洁、送水后，什么环节制造痛点、爽点，最后成交升单。

如果门店里有4个皮肤管理师，都是按照流程化操作，总有一个人升单率是最高的，那么你需要提取销冠的经验定下标准，让所有皮肤管理师学、练、考、赛、评。

也就是先定出流程，之后3个员工跟着销冠学一遍，学完了相互练一下午，练完了就可以考核，考核后，相互比赛，赛完了评分第一名、第二名奖多少，第三名、第四名扣多少，一套流程走下来花一天时间。

后面客户再来，4个皮肤管理师都会这样操作了。"亲爱的，您觉得我们的服务怎么样？建议您办一个我们家398元的会员卡，卡内您有398元，同时再赠送您一次皮肤清洁，还能赠送您价值298元的补水一次。"话术、流程都标准化，会大幅提升升单效率。

客户办了会员，变成VIP会员了，这时候服务也要升级。老员工或店长的角色要跟上，只要客户充完卡，马上给到客户仪式感。比如员工说："张小姐，办不办我们580元的会员卡？"客人："那你给我充一个吧。"

员工："好的，张小姐，我马上建一个VIP服务群，我把店长请进来，到时候您有什么问题都在里面说。"这时候店长走进来，员工说："王店长你好，这是我们的张小姐，已经成了我们的第3824位VIP会员。"

店长回复："张小姐您好，我是这家店的店长，刚刚已经建了一对一服务群，以后我们的小花在忙的时候，您有什么事，随时在群里发消息，我都在里面，或者您觉得我们的小花技术不精湛，或者您对服务不满意，随时可以跟我说，我可以给您换掉，有什么问题都可以说。这边是我们公司自制的面膜，给您准备了两盒，今晚带回家感受一下。"

客人刚开始跟员工接触，升级后变成跟员工和店长接触，以后员工离职了，客户也不会被员工带走。因为店长气场更强，情商更高。跟客户相处得很熟了，就可以说："张小姐，你老是出差，你这皮肤开个美白卡，你光做清洁肯定不行的。美白卡1980元，你是会员，办完还打三折，你办一个。你办完我再送你一次提拉，平时提拉一次就680元，我店刚刚进了台韩国仪器，给您体验一下。"这时，店长帮员工升美白套卡。

一个店长拿全店总业绩，帮底下的员工成交是他必须干的事情。接待99元客户的员工每天都在做服务，没有时间盯大客户，而且店员的能量场也很难成交，店长帮员工升单，员工自然而然会很喜欢店长。随着店长进一步跟进，客人可以一路不停买单，在公司花到9800元，这个时候老板就要出现。

店长说："张小姐，您这半年在我们公司已经累计消费了9800元，现在已经成为我们的黑钻会员了，一会儿我把我的老板请进来，我们老板有礼物送给您。"这个时候老板出现，说："张小姐您好，您已经是我们的黑钻会员了，特别感谢您对我们的支持。怎么样，整个过程中有没有什么不满意的，我们还有什么可进步的空间？您多给我们提提意见。"

客户会感觉钱刷得不一样，果然服务就不一样。客户会说："没有，都挺好的。"老板说："没事的，有什么您随便跟我说，您成为我们的黑钻会员了，以后您来这里，饮品、小蛋糕都是免费随时提供的。这是我准备的一个迪奥口红，作为咱们的见面礼送给您，我之前已经看过您的照片了，您真的长得好甜美，特别像仙女姐姐，您特别适合兰蔻最近这个月出的新款，这个颜色涂在您脸上特别好看。"

这样，当你通过店里的服务流程，把爱美并有变美实力的人筛选出来，送到自己身边。而你作为老板一出现就要出彩，让客户觉得惊艳。你要活成一小部分女性的意见领袖，影响她们怎么变美、怎么玩、怎么穿。

所以，服务好大鲸鱼客户，实施大鲸鱼战略，就是要让所有人的起心动念都放在成就客户上，只有客户成功，才有我们的成功。

公司的成功不在于鱼多，而在于只为一小部分客户服务。所以，锁定自己赛道里的高端，客户分层，管理分级，聚焦服务大鲸鱼客户。这个世界就是这样：除了聚焦，其他都是成本。只有聚焦，才会赢得竞争。

7/机制设定

　　蓝蒂蔻原来发生过一件事，我有一次无意间听到几个负能量员工抱怨："我在蓝蒂蔻待了半年，一个月工资就5000多，信用卡花了很多钱，又租房又吃饭的，还套信用卡，钱也没赚到。"

　　我听到以后很生气，不是生气他们，气的是总经理Tia。因为我很多次问她团队人员工资怎么样，Tia都告诉我挺不错的。

我说最差也不能让蓝蒂蔻有任何一个人工资低于6000元，因为6000元是在深圳生活下去的底线，我不能允许我有任何一个员工吃不饱饭还亏着钱，带着信用卡还向父母要钱。

我直接把Tia喊过来，一拍桌子，就问："怎么回事，工资条给我看一下，员工竟然有人说在深圳半年了，还套信用卡，每个月饭都吃不饱，住的地方都没有。你怎么搞的？你不是跟我说工资挺高的吗？"

Tia说："老大，你先别发火，我马上把工资条发给你。根本就不是他们说的那个样子，蓝蒂蔻赚钱的方式有很多。工资条上一般就显示他本岗位的工资，他这个月的工资可能是5700元。但他给组里卖洗发水、卖洗面奶、卖衣服，他又介绍一个客户去打了针，提了七八百，加起来不可能有那么低，这些人就拿着工资条在那说事。"

我说："你确定？"Tia说："是这么回事，我也想不明白他们为什么要做这样的事。"我知道我必须调整制度了。

于是我改了一个制度：下个月开始，三个月薪资连续低于6000元直接开除。后来这样的声音再也没有听到过了。员工的嘴是不好管，但你可以通过制度管理。

企业家必须是机制设定的高手，员工积极性不高，可能是员工有问题，但是一群员工积极性不高，可能是机制有问题。比起抱怨员工不积极，你需要思考公司是否建立了有效的绩效机制，激励团队自动自发地想要做好，好的绩效管理是公司最有效的管理手段。

具体怎么做呢？绩效管理主要靠四个步骤：定目标、追过程、拿结果和奖优罚劣。

第一：定目标。就是设定一个能够让团队理解，并可执行的目标。首先你的目标不能太小，要跟3年、5年的战略一致，这样目标的前一两年就能照着这个方向不断前行，并和最终的愿景保持一致。其次要根据竞争对手、市场的变化制定一个"跳起来才够得到"的目标，这就像架起一架大炮，要打得又准又远。

比如我们第一年的营业额是6000万，第二年和第三年以20%的增长率做递增。另外，定目标不是一个简单的目标分解动作，他们也不知道怎么实行，必须有协同机制、薪酬机制、晋升机制、管理机制，这些机制具体涉及怎么分钱、怎么分权、怎么分责，同时给每个团队做好分工，预估最后可以拿到一个什么样的结果。

第二：追过程。也就是如何更好地执行目标。目标确定以后，老板要做的就是数据化管理，通过数据进行观察，及时调整。

比如我们每个月都开月度大会。你要躬身入局去看每一个数据，知道每一位员工遇到的困难是什么，可以如何改进。每个月的月底大会，汇总到一年，就是员工每个月的个人行动目标变成每一年的组织行动目标。在追过程中，你就能根据情况随时调整策略，调配兵力，最终完成企业目标。

第三：拿结果。绩效的"效"就包含结果的意思，定目标和追过程是为了拿到结果，我们要为过程鼓掌，但只为结果买单。一个优秀的老板永远是在战斗中不断调整或者优化策略，最后才能打赢这场仗。

比如我们会去复盘每一场直播，不停调整细节，优化流程，积累经验，拿到的结果就会都在预期内。就像我们全新的美妆号开播，从两个人开始，半个小时拉成5000人直播间，销售20多万，彩妆带货榜第十二名。只要掌握了流量密码，做互联网就会信手拈来。

第四：奖优罚劣。当团队在总结、分配相应激励机制的时候，我们要把资源倾斜给有过程、有结果的人。同时要让团队知道你奖励和惩罚的原因，这样才能让团队调整他们的策略，调整他们本身的行动，一起来挑战更高的目标。

按照这四步，老板负责把公司的愿景、改变世界的梦想翻译成经营的绩效目标，管理层负责达成这个目标。梦想的归梦想，绩效的归绩效。管理层二把手或店长，本质是执行层，最重要的工作，就是使命必达，对绩效负责。

同时，老板对绩效负责要懂得平衡三件事。

1.功劳与苦劳。我们应该为苦劳鼓掌，但是为功劳付钱。

2.梦想与现实。当初期活着都成问题的时候，活着就是目的本身。企业也一样。当赚钱不是问题的时候，赚钱是手段，梦想才是目的。可是，当赚钱都成问题的时候，赚钱就是目的本身。

3.理论与实践。要在实践中不断调整，而不是一味学习。管理首先是实践。有用的，就是好的。

老板可以面向梦想，但在初期必须面向绩效。激发善意、设计系统、知人善用、反求诸己，最终都体现在绩效上。企业要先生存，后发展。

8 / 营销管理

很多老板天天做销售，不会做营销。其实老板先做营销，员工才有机会做销售，因为营销是让更多的人知道你，而销售是让知道你的人去购买。

现在的生意都是在互联网上做曝光引流，直播间做转化，实体门店做交付。

做营销90%的时候都在想传播的事，要搭建起自己的天网、地网、人网，做到公域、私域、电域全渠道营销。

1.天网

天网指的是超级平台、新媒体和行业垂直类平台，抖音、快手、B站都是超级平台，大众美团是行业类平台，轻氧是医美的超级垂直平台。

在互联网上做曝光，曝光量越多越好，越大越好，全网营销要先把数量做起来，曝光越多越好，曝光量会决定客户来到地网的数量。

蓝蒂蔻在抖音、快手、小红书、视频号、公众号的传播一个都没错过，全域营销，现在公众号天天写文章，光转发就几百个人，每天也能出一两单。

很多客户希望我们给他设计天网模式，可大部分人的战略不清晰、产品也不够好、人才搭建也不健全。如果把天网搭建好之后，会更快地让他走向灭亡，因为当流量来了之后，他没有办法去做好承载。

2.地网

地网注重体验感、服务和效果。地推、电销都是地网。电销是找到渠道先买客户资料，接着找个大学生兼职，把固定话术给他，让他打陌生电话，一个大学生一天只需要20块钱，可以帮你打300个电话，不用自己店里的员工。

话术可以设计成这样："亲爱的，您好，我是抖音的合作伙伴，我想问一下您上抖音了吗？如果您还没上抖音，抖音接下来会有大量的抖音同城的流量扶持，这个对您的门店经营的帮助会非常大，一定不要错过这个风口。我们这里有官方的一个抖音同城指南，您加下我的微信，我把整个操作流程和指南发给您。"

当客户加的时候，你就可以告诉客户抖音挂团单、做直播要注意的十大事项、八大禁忌、六大素材。发完了过段时间，可以问："亲爱的，你都看了吗？有不懂的可以随时问我。""亲爱的，你上团单了吗？你挂了吗？怎么样了？"

如何客户有困惑，你就帮助客户解决问题，不断给客户贡献价值，贡献到一定程度，再问："视频发了吗？有没有流量？亲爱的，抖音要做的时候还是需要一些专业的流程，这个月成都正好有一场Gina老师的活动，你可以过来听一下抖音团单怎么上，视频怎么拍。"

想要玩这种电销，也很简单，找到机构买个电话号码，设计好话术、流程就可以实操了。

3.人网

人网则是代理模式，做好成交。当时我做蓝计划教育从0开始，那时没有太多名气，也没怎么讲过课，我整整花了一个月的时间才说服了63个人，我给他们上了19天课，讲得激情四射。

接着我设计了一套代理模式，代理交39800元学费，每帮我介绍一个学员，提成1万元。可我担心代理卖不出去，赚不到1万元，我又设计了一个3800元的课程，每人送10张门票，卖出的钱全自己收；可我还是担心代理3800元也卖不出去，又设计了一个980元的课程，每人送30张门票，卖出去的钱全自己收；我还是担心代理980都卖不出去，设计了99元吸睛朋友圈线上社群课，每人送100张门票，也就是只要代理把人拉到社群里来，我讲课，成交后，钱全部给代理。

所以代理只需要把人拉到社群里，我来讲课，成交了980元或3800元后，课程费用全归代理。如果代理成交了39800元，他还可以提成1万元。当时，这63个人做到营收7000多万，他们一群人跟着我赚了好多钱。

神奇的化学反应发生了，他们朋友圈里面全是我，我刷他们的朋友圈都不好意思看了。比如"我遇到一个很牛的老师，一个涂上黑口红的天使""这辈子大部分课都可以不上，但必须上她的课"等。

我当时用了这样的营销模式，花了4个月的时间招了1000个人。当时我用的是人网模式，用物质来奖励裂变，只要产品好，客户会自发分享。

天网、地网、人网本质是商业周期的穿越。蓝蒂蔻的蓝计划是先地网，再人网，最后天网。医美品牌蓝瑞利是先人网，再地网。服装品牌Amour是先天网，再地网；先直播电商，再代理分享，最后门店品牌。美甲品牌Pink Banana是先地网，再天网，也就是先门店合作，再直播分流。摄影品牌蓝雀是先地网，再天网；先门店赋能合作，再打造摄影品牌。

要想搭建天网、地网、人网，在未来，企业一定要有两套体系。一套系统是产品体系，产品渠道为省级代理、门店、用户等；另一套系统是内容体系，图片、文字、长视频、短视频，发布在朋友圈、抖音、直播间、视频号、小红书，所以你的公司必须有一个专门出图文视频的岗位。可很多公司没有内容体系，这样商业运作容易事倍功半。

所以当你看到人家流量起得非常快，不要着急，要围绕定位和价值创造踏实地做好内容体系。根据自己企业的商业周期，洞察客户在哪，喜欢什么产品，有什么样的需求。将这些信息整合，在不同渠道中收集数据反馈，才能更精准地营销，实现盈利、变现和增长。

9/ 数据管理

曾经有几年时间，我觉得很痛苦，因为感觉自己不管怎么努力，运营公司交出的答卷总是75分。我很想考到95分，该复习的都复习了，我特别刻苦，头悬梁锥刺股，一看结果还是75分。

直到有一天王哲校长在给我们开内部会议时，说要想把企业经营的75分变成95分，就要理解什么是激励员工的核心关键。

他给我看了一张图，这张图是不同因素对员工影响占比，跟我预想的不太一样。你也可以看下以下哪种因素对员工最重要。

态度、动机、天赋潜能、知识技能

资源、流程、工具

奖励、激励、后果

数据、信息、反馈

每个人的答案都不相同，经过科学家对大量的数据的统计：真实的绩效结果影响模型分为个人因素和环境因素。个人因素中，态度动机占6%，天赋潜能占8%，知识技能占11%；外部环境因素也会影响他的业绩，其中奖励机制占14%，资源流程工具占26%，数据信息反馈占35%。

当天校长无意解决我怎么考到95分的问题，他只是在跟我讲另外一个道理。我坐在旁边看到这个表，当时就顿悟了，我从来都不知道，原来数据、信息和反馈对一家公司的业绩影响那么大。

我当时瞬间明白我差在数据信息和反馈上，因为我是一个不看数据，也不关注信息和反馈，天天商业拼杀的老板，把自己半条命都快扑在事业上了，亲临一线，骁勇善战，攻城略地之后发现还是75分。

就像之前我开实体门店，当时通过关系，直接拿到了福田假日广场一楼的黄金C位铺位，一个月7万块钱的房租，开了一家皮肤管理店。因为我想要的是门口的精准流量，能在福田假日广场逛街的人大都是附近经济条件比较好的精准客户。

于是，我就让员工去门口把人往里带，发传单，往店里走，往店里拉。同时我也做了抖音传单，还有网红达人看店带货、带客传单。

等我有数据思维以后，我干了三个月，统计了一下数据。结果是商场里来的客人转化率不足20%，抖音团单来的客户升单率高达80%。这个数据显示我花一个月7万的房租没有一点意义。因为业绩主要是靠抖音团单上来的，如果我不知道数据，一个月付7万的房租，再加上物业费、空调费加起来快10万，一个月近20万的业绩，扣掉10万成本，扣掉20%人员工资，再扣掉25%的产品成本，结果发现我不赚钱。

于是我把店关了，与其大量把钱花在租金上，不如把钱花在流量上。抖音改变了客户的消费习惯，如果客户在抖音下单，就证明心中已经认可你的服务，只要你别太差，多半都会开卡或升卡。但是逛街走进来的客户，是来体验而不是来消费的。

所以，老板要在一万件事情中找到最重要的事，具体怎么看数据，我们需要以终为始来分析，找到黄金公式。

1.营业额=流量×转化率×客单价×复购率×转介绍

2.利润=营业额-成本

老板要借助这两个黄金公式，让激情澎湃的目标变成可执行、可落地的理性过程，让人人头上有指标，让工作过程有数据。

每个月每天都要按照黄金公式里的类别大量地收集数据，如流量数据，去分析哪个类别转化最高，做出优选。比如这个月一共200个客户，有180个来自抖音，有20个来自某团某评，有10个来自朋友圈，有3个来自马路上的自然流量。

抖音平台转化率最高，下个月就往该平台投广告；某员工转化率更高，就萃取这位员工的经验，带领员工进行新一轮学练考赛评。

很多人看到这里也许还会怀疑，觉得专家都是胡扯的，你还是觉得态度、知识和天赋最重要，那我们就模拟一家服装店，来拆解一件衣服卖出去的流程。

能把一件衣服卖出去，得有客人先到店，其次要给客人试衣服，试完了他去买单。我们通过一系列的数据，最后发现一个结论。

一般客人每试11件衣服，就会买一件，证明买衣服的数量跟试衣服的数量有关。客户试了20件，打底都会买两件，如果客户就试了两件，很有可能一件都不买。于是我们就告诉员工要想做出高业绩，就需要疯狂给客人拿衣服去试。

所以客人一进店，刚摸一下衣服，员工就可以说："这件衣服非常适合你，一会儿你试一下。"客人刚看一条裤子，员工就可以说："我拿给您试一下。"一路上跟着客户拿了25件，客户一看这么多，说："太多了，不试这么多了。"

员工可以说："没事你试，我在这里陪你，不着急。女人的衣服就得试，你不赶时间就行。"试衣服数量决定了她的买单数量，这跟心理学、概率学有关系。

企业一定要通过数据不断地自我迭代，你的护城河就是你的内部迭代。因为外面能学到的，竞争对手都能学，内部成长的迭代，谁都学不走。

同时，老板也需要数据三大报表：现金流表、利润表、资产负债表。这些数据是帮助你做公司运营状况体检的。你要深刻理解这三张表。

之前我有一个股东，2023年就离开了，因为账户上面有4000多万，他要求分钱，因为他想在深圳买套房。我了解这三大报表，知道哪些钱能分，哪些钱不能分。很多学员交了钱之后还没来得及上课，他们来上课的时候需要场地、酒店、讲师费、住宿费，所以这4000万不能分。

当时我们有200多名学员来上课，每个学员身上可以赚1万元，可以分的钱就是200多万。4个股东分200多万，每个人分到五六十万，可是他不满意，就离开了。

仔细研究财务报表，我发现当我营业额是7000万的时候，利润只有11%，因为分出去太多提成。我看财务报表利润空间这么低，觉得再这样下去，我没有办法聘请好的老师、好的助教，工资也不能发太高，我的课程质量会越来越低，这样做公司一定会倒掉。我又忙又累还赚不到钱，说不定还会猝死。于是我做了一个决定，要砍掉代理团队。

当时我砍掉代理团队的时候，股东集体反对，他们觉得没有代理模式就不能招生。但是股东反对也没有用，因为按照以前的方式很可能把大家都送进去，所以只能砍掉代理模式。财务报表要重新做，内部招聘视频团队，内部培养销售团队。第二年，我们的业绩又起来了，财务报表利润率非常高，而且还能交税，人均每个月工资16000元，销售最高拿到11万的工资，大家都很开心。

创始人做公司一定要学会用数据做复盘，三张报表就会给你提供详细的数据。要看公司账欠了多少现金流，有多少纯利，员工工资发了多少，产品耗材发了多少，哪个节点出了问题，复购率低有哪些原因。

你在数据上一点点磨出来的成功，就是你的壁垒、你的护城河。

10 / 资源整合

经常听到学员问我这样的问题：

"Gina老师，我有个朋友特别想跟我一起干，你说股份该怎么跟他分？"

"Gina老师，我想把一个朋友拉进来跟我一起干，股份该怎么分？"

"有一个人想入股，我给他20%还是30%，我收他20万还是40万？"

这样的问题，我很难回答。因为股权需要综合很多因素考虑，它有点像嫁妆，比如我到底要8万彩礼还是80万彩礼，取决于我有多爱他、有没有备胎，还取决于我年龄有多大。在他的角度，也有好多因素需要考虑，比如他多有钱，多爱我，有没有备胎，这决定了我俩之间的谈判。股权谈判是一场心理博弈，它考验的是一个人的综合智慧。

很多美业人对股权管理不清晰，把店开成了夫妻店、闺蜜店，或是凭感觉招合伙人进来，这种公司一定会出问题。对于股权，你要清晰股权的核心是资源整合。你想对方进来，到底需要整合什么？是资源、资金、社会背书？还是流量倍增？一定要思考清楚。

股权的本质是分权、分责、分利的艺术，不是技术。建立合伙关系，需要对合伙人的权责利进行以下评估。

1.价值评估（权）——他创造的价值有多大

2.价值创造（责）——他应该创造多大价值

3.价值分配（利）——价值创造后如何分配

我举个例子，曾经给我们装修的设计师是个富二代，给我家设计得特别好看。在交往的过程中，我发现他开了一家网红奶茶店，花了100多万在福田的C位。有一次我们俩约见面，谈事儿，就约到了他的网红店。当时他们家网红店是深圳排名前13的网红店，很火，有很多香港、澳门的人都飞过来，专门去打卡。

我去了他的店里以后，就看上了他的店。当时店面装修很超前，一进去没有门，而是一个镜子。按一个按钮，空间映入眼帘，再按一个按钮，门一开，映入眼帘的是另外一个场景，一层一层打开的刺激感，让我就像没见过世面一样震惊在原地，所以当时超爱他这家店。

接着我就在那里跟他谈设计费，在谈的空隙我问他："你这租金多少钱啊？"他说一个月房租七七八八加起来10万，接着我就看看他的菜单，我再观察一下旁边的人消费了多少，每个桌子上点了几杯奶茶、几块蛋糕，拿计算器算了算他这一下午大概收了多少钱。

一算，感觉这个网红店肯定不赚钱。

租金那么高，饮料几十元，蛋糕上百元，而且那些小女孩点一块蛋糕、三杯饮料，在那里拍一下午，从下午2点玩到晚上6点才走，翻台率一敲就能算出来，一天营业额2000块，一个月6万块，房租就10万，这哪里赚钱啊？

于是我说："你这个店经营得怎么样呀？"他说："刚开半年，我们这几个股东都还行，账户上放了400万，现在就在用这400万想办法把店带起来。"我说："哦，你们客单价有点低，做起来一定还有点困难。"他说："没事的，我们也在做大众点评、美团、小红书，我们会想办法做出来。"我说："哦，好的。"

隔了半年，我又问他的店怎么样，他说这个店一直亏，之前账户上有400万，现在就剩80万。我问他有没有考虑转让，他问："怎么转？"

我说："亲爱的，是这样子的，如果这块地摆一张桌子，就只能点100多单的饮料和蛋糕，如果这块地摆一张美容床，客人躺下做护理再起来，营业额2000元，另一个客户再躺下起来，营业额又多2000元。这样，店铺的坪效肯定不一样，所以我觉得你这家店特别适合我的生意。"

他说："这个我倒没考虑过。"我说："没事啊，我只是给你提个建议，你自己考虑一下。"大概过了3个月，他在微信上问我："Gina在吗？"

我明明在，故意装作不在，大概3小时以后，我发："不好意思，刚才生意有点忙，你说。"他说："哦，上次你说的提议，我觉得特别好，我们两个能不能约出来聊一下。"我说："嗯，我这个星期有点忙，下个星期三吧。"他说："哦，好的，我等你。"

到了下个星期三，我说："那就把整个店给我。"他说："我这个店当初装修花了100多万。"我说："那我直接就收购了，给你改成美容院，你就跟你的亲戚朋友说品牌升级，还能给你保留点颜面，给你留20%的股份吧。"

他说："我100万装的，你给我全拿走了，而我只有20%的股份。我们4个股东，一个人就5个点。"

我说："嗯，如果你觉得不划算，也可以不用考虑，但是如果我晚一个月交接，你每个月要多亏几万，但只要我接手，我保证从我接手开始，你就可以分钱。所以你是选择从下个月开始分钱，还是下个月继续往里添钱？你可以和你的股东讨论一下。"

他说："但是20%太少了。"

我说："我觉得20%非常合理，你们自己讨论一下吧，行就行，不行就算了。"

他说："太少了，不可能。"我说："那就这样，没关系，你可以再找找。"过了一个星期，他果然撑不住了，他发："在吗？"我这次5小时后才回，说："哦，刚忙完，怎么了，你说。"

他说："要不我们出来谈一下吧，你能不能再多给5个点。"我说："没有，只有20%。"他说："那行吧。"

最终，我一分钱没花，直接买下那家网红店。收进来之后，我就卖消费型股东，3万一股，转手卖了70万，总共卖了25%的股份，员工亲自看着我卖客户3万一股，卖完客户后我转身卖员工股份。

我卖了30%的股份给员工，回来30万，所以我一分钱没花，收一家店，从员工和客户身上共收了100万，员工在店里主动干活，客户在店外拉客户，那家店本身就是网红店，客户过来一转，又继续买单，业绩做到深圳福田排名第一。

所以股权的本质是艺术，是心理和智慧的博弈，是对自己实力的评估，对对方困局的预估，综合评判下来给多少股份。分多少，并没有标准答案。

我之所以对那4个人那么狠，是因为我知道他们4个人都是做金融的，都是富二代，这个店后面指望不上他们。他们对我来说是一次性价值，后面不可能给我带来任何帮助，这家店要保留更多的股份给干活的人。

如果他们拿那么多，后面又没贡献，我这里又没东西分，员工干得没动力，我也没动力，这家店早晚会倒闭。假如我后退一步接过来了，其实是对他们4个不负责任，因为他们4个不干活，拿的股份还超过20%，那么店里干活的人心态会不平衡。等后期不平衡了，再反悔，还不如前期做好把控。

我只是对事情认得清，所以我才这么坚定。果不其然，4个人把店转给我之后，就不见影子了。留下80%的股份，我才能给客户、给员工。所有的背后其实都是你对全局的掌控，稍微哪个点没做对，最后全局就会失控。

我们有一个学员非要去学消费型股东是如何操作的，他想通过这种方式去裂变收钱，我当时跟他说："你的产品体系还不够硬，员工培训也没做到位，你的店没有实现自动化运转，招了那么多客人进来，如果客人赚不到钱，他们会跟你吵的。"

但是他还是用消费型股东的方式拉了很多客人进来，最后客人发现跟着他干根本赚不到钱，全部找他退钱。所以很多机构只是单纯教给你一个方法，这个方法是否适合你，你需要用系统思维去觉察。

所以，加人进来前，一定要做价值评估，了解合伙人的价值创造，再跟他谈好价值分配，这是合伙人背后代表的三个东西，权、责、利一个都不能少。

权、责、利必须说清楚，各方股东负责哪个板块，做成什么样，这是每一个股东进来的时候都要说的。同时，要了解清楚资金股、资源股、技术股、又出资金又出资源还做管理的股份，这四种方式各自要怎么进入、干活、分钱和退出的规则，这一块内容我们在《新美业总裁班》有详细说明。

当然，刚创业的时候，商业模式尚未打磨成熟，股权结构也不稳定，所以不要把股权结构设计得过于复杂。等到公司商业模式渐趋成熟，公司盈利前再做股权架构设计，对股权结构进行调整。初期不要把股权这件事看得太重要，分钱和分股的时候大气点。

工资是发给责任的，这是基于过去成绩的考量；奖金是发给业绩的，这是基于现在表现的认可；股权是发给潜力的，这是基于未来潜力的信心。

过去、现在和未来，这就用时间轴把员工、合伙人和企业的命运绑在了一起，将职业共同体、利益共同体，变成了事业共同体，甚至是命运共同体。

要想同呼吸、共命运，就要把权、责、利想清楚，把钱分出去、把权分出去。

11/ 文化传承

很多美业人在管理一家门店的时候做得非常出色，但是如果同时管理多家门店，就很难应付。这类美业人崇尚的是以身作则，事事亲力亲为，这决定了他们的管理半径不会很大，公司的发展因此受到了限制。

但是反观那些做大做强的企业，支撑它们前进的决定性力量中一定有文化价值观。文化价值观可以统一团队里所有人的认知，增强凝聚力、向心力，将全部力量都集中在一个方向上。

三流企业靠管理，二流企业靠制度，一流企业靠文化。领导人的能力不在于自己能够做多少事，而是能够找到自己需要的人，并激发他们的工作热情，让他们彼此认可、相互配合地工作，达成整体目标。

想要达成目标，必须建立共同的文化，即愿景、使命、价值观，以及共同的方法论、条例。我们称之为"品牌DNA"。

身为老板，如何做好企业的文化传承呢？

1.找到企业的使命

以前的美业人，开了家美容院、卖减肥产品，都觉得自己是美业人。但其实这些只是你的工作，如果你觉得自己是美业人，但又不注重自己的美，没有关注过自己的美，只是想卖更多的美容产品给顾客，只关注能不能把客户的卡办下来，事实上，你是在拉低美业行业的水准。

身为美业人，你一定要深度理解美学。自己要先有审美，你走出去要像艺术品一样，让别人忍不住驻足观赏，这样你才是真正的美业人。美业人跟医生、模特一样，都有自己的行业标签，他们出现在别人面前，别人就知道他在这个领域是非常专业的，那当我们美业人出现在别人面前的时候，别人就会对美有认知，知道我们是美业人。

更重要的是年轻的这一代从小抱着iPad长大，他们的眼睛被繁纷多彩的视觉信息冲击，年轻一代的审美标准比我们高很多。我们父母那一代选一件衣服，他们看不出好看和不好看，他们很有可能会拿着衣服抠一抠，咬一咬，看质量好不好。因为父母小的时候连看的电视都是黑白的，他们没有那么高的美感要求，但是现在的年轻人从小看手机、看iPad，视神经被刺激得很发达。

所以，未来做生意，审美排第一。任何一个产品，只有审美标准提高了，符合年轻人的需求，才有资格谈论产品的质量好不好。如果你做美业，你打扮自己的样子没踩中年轻一代的审美点上，那么你们家的产品再好，也很难打动别人，因为你不光是在销售产品，还是在销售你自己的审美。

很多美业人为了赚钱，会去参加各种会销课程，学习如何销售，但在此基础上，美业人更应该参加的是时尚秀、时装周，让自己的审美永远保持在时尚的前沿。

因为我们给客人展示的是你对美的追求、对美的引领、对美的态度，你的出现要唤醒客户想要变美的欲望，你的生活要活成客户心中向往的模样。

所以我们需要看每一年的流行趋势，根据流行趋势不断地去调整自己的妆容和形象，保证每次你都能带给客户有关时尚最前沿的内容。如果你不在审美上不断更新自己，那么我劝你别开店，躺平对你来说是最好的选择，因为你躺着不动，还亏得不多，越努力亏得越多。

2.创始人持续迭代

创业要想拿到结果，在人性的底层必须训练自己的反人性人格。所以我们要学会满足员工的需要，告诉他确定的薪酬体系、晋升空间，说得越确定，他干得越利索。

创始人和股东存在的意义就是让员工先赚钱，因为如果我们没有办法先满足别人的欲望，就不可能有人来满足我们的欲望。赚个三五万的，抠抠搜搜都揣自己兜里，只给员工一点点。你干着干着就是自己一个人了，你做不大，因为你创业只是为了满足你的私欲。

很多老板觉得最耗费心力的其实就是管理人，客户的心思捉摸不透，员工的心思拿捏不住，合伙人的心思控制不住，我们总是败在人上。但是关于人这件事情，看不懂就很难，看懂了就很简单。我特别喜欢一句话："这个世界上所有的事，只要你想不通，你就往人性上去想，就都能想通。"

人只有找到下一个更好的位置，才能把现在的位置挪开，而且从你身边离开的那些人，说句实话，就是你创业路上代谢掉的细胞而已，不要为已经失去的人浪费时间，一点必要都没有。

所以，你只需要持续迭代自己，不断成长，不同的时期要学会换不同的人，等到你能够成为一个真正的商人，你就不再在意身边任何人的留和走，你也不在意与任何人的情和念。

如果经过一段时间的发展，股东跟不上你的速度了，你就需要再找一个跟你匹配的人，因为生意就是生意，没有忠贞不渝这一说法。所以我在开店的过程中，股东变动频繁，后来又来几个，股东团队也是一路筛选才变成今天这样子的。

创业路上，合伙人也应该像细胞一样不断代谢，对你没有特别大价值的人走了，你应该感到开心。你仔细想想，曾经从你身边走过的那么多人，你难过了那么久，他们走了以后，你根本就没垮，只是你心里很难过，感觉氛围不对。

所以你不要为走掉的合伙人难过，作为创业的领头羊，你要永远向前看，不可以回头看。持续学习，时刻保持对市场的警惕，扩大圈层，认识更多优秀的企业家。慢慢建立对生活的掌控感，你就会变得淡定自若。

3.建立企业文化机制

要建立与企业文化相匹配的机制。在蓝蒂蔻，我们的文化里包含很多让团队成员能够协同作战的理念。比如，我们要求团队成员要互相帮忙，要主动去理解领导的意图，服从大局意识、提出好建议、执行领导决议，认识到平台第一，功劳都是老板的；要带着解决方案去汇报工作、戒掉情绪、学会自我关怀。

我们强调团队成员要有"不择手段"达成目标的意识，在蓝蒂蔻一直都有PK文化，因为有PK，团队成员才有压力、才会每做一件事都只关注结果，因为没有结果就是没做，不管任何原因。一个停滞不前的团队是没有未来的，每个蓝蒂蔻人不自我更新迭代、不"自来卷"就意味着被淘汰。

我们强调团队每个成员都要活成自己向往的样子。我们每天都要精致穿搭、有精致妆容。

同时我们也非常注重团队仪式感，每年都会制订外出旅游计划。于是就有了人生中的第一次跳伞、第一次潜水、第一次蹦极、第一次见西藏的雪山、第一次去大美云南人间仙境……逢年过节都会举办各种聚会，充分满足团队的情绪价值。试着想想你的企业文化，并在一定程度上满足员工情绪价值、个人价值。

你有什么样的文化，就会吸引什么样的人。

与当下流行的"世上武功，唯快不破""成王败寇"等功利主义商业文化相比，我知道我想要的实业确实需要经营者花更多的时间去面对和理解，甚至需要忘掉外面一切事物的绚丽和喧嚣。

但没关系，我会用更专注、更禅定的心态沿着自己的心路孤独前行，在长期主义的道路上，做时间的朋友。

第五章

》》

创始人：六边形战士

1/ 创始人认知升维

很多人觉得"认知""思维"有点虚，于是跟我说："Gina 老师，别跟我讲这么多认知，你能不能告诉我怎么落地以及三步走的方法？"

这说明他们根本不懂认知的重要性，认知比方法要值钱多了。因为人与人最根本的差异是认知能力上的差异，认知改变思维，思维影响行为，行为决定结果。所以，赚钱的本质就是让大脑的认知变得更加清晰。透过表面现象看到本质，才能让财富成为你最有力的前进工具，而不是让你受到举步维艰的限制。电影《教父》里有句台词："花半秒钟就能看透事物本质的人，和花一辈子都看不清事物本质的人，注定是截然不同的命运。"

如果只学方法，你就会很焦虑，因为过去创业成功的方法拿到今天不一定有用，就像去年穿衣服搭配的方法，今年很难变时髦一样。方法只能用一阵子，到了下一个阶段，你又会很惆怅。

所以，很多人长期以来的工作是无意义地重复，他们的认知从未升级，甚至从未厘清驱使自己行动的思维是怎样的，做同样的事情却期待不同的结果，简直是天方夜谭。

我现在小红书做得不错，视频号也涨了30万粉丝，接下来我们开始全面做私域。这些都没人教我，但我知道事情的逻辑，所有的打法都是自己研究出来的，是我通过不断看书、学习、结交比我厉害的人，促使认知发生改变的。我明白了事情的逻辑，根据我的创业基因、团队去做调整，最后达成结果。

创始人要一直升级自己的认知，因为自己永远不知道自己的盲点在哪里，唯有学习可以拓宽你的认知边界。你要在团队里当领导者，在高净值圈子里当学生。因为如果你在哪里都被别人捧，你内心一定会膨胀。

要想尽一切办法结交比自己厉害的人，只付出不求回报。美国的商业哲学家吉姆·罗恩曾提出理论：与你亲密交往的5个朋友，你的财富和智慧就是他们的平均值。

当你身处在优质人群的圈子里，认知会不断升级，你会做出正确的选择。要知道创始人最重要的能力是决策力，做对几次高质量的决策，会直接影响你的企业高度。

如何提升创始人的认知思维？你需要拥有以下三大思维力。

第一，阶段性深度思考力

阶段性就是用动态的思维看待所有的一切。创始人成熟的表现是不再说绝对的话，不再秉持单线思维，不再看到原因就想到结果。

比如你到底是纵向发展还是横向发展，你是自己带团队还是对团队发号施令，是该分钱还是应该分股权等。如果你不具备阶段性思考力，你的认知就会被别人带走，这样造成的危害是致命的。而当你对如何运营公司有了全局思维后，你会清楚公司在不同时期的发展策略。

第二，系统闭环思维力

一般企业没做起来就逃不过这两种情况：第一种情况，创始人是一个非常好的前端选手，杀伐果断，市场判断能力很强，搞钱能力很强，感染力很强，但是后端一团乱；第二种情况，创始人是很好的后端选手，具有匠人精神，但是没有狼性，不会做市场。

我们公司有对夫妻，属于典型的第二种，专门做文眉的细活，做得特别好，但两个人都特别内向。我让他们上台分享自己的产品，他们全说怎么听我的课受益，自己的产品一句没提。要知道500人的舞台，客户全是纹绣师，这么好的销售机会，让他卖一下纹绣机，可是他产品核心卖点一个都没提。后来他说没事，能卖就卖，不能卖也行。可创始人没有狼性，店里业绩怎么可能会好？

我自己接触的所有产值在五亿以上的公司，无一例外，创始人攻城略地的能力都特别强；二把手在后端做布局，做梳理。两者搭配，企业都差不了，只有其中一个优势的公司都很难突破发展瓶颈，所以要具备系统闭环思维力。

第三，模型复制思维力

曾经有一个学生问我："有一个姐姐超级厉害，她会针灸，她服务过的人都特别满意，而且她能够出大单。我想释放40%的股份把这个人招进来。如果不给她40%的股份，她肯定不会跟我干。老师，您怎么看？"

我说："这人跟你没什么关系，最好放过她，也放过你自己。"她很吃惊："为什么？"我说："因为这个姐姐的技术不能复制，这是她十几年的沉淀价值。最多是你们俩开一家小店。你们能够赚多少钱，取决于她一天能服务几个客户。

"如果她做一个客户要2小时，一天干8个小时，她最多服务4个客户。让她加班，最多服务8个客户，一个客户2万，一天最多16万。一天赚几万已到天花板了，没有更大的未来。你的注意力不要放在这个姐姐身上，而要放在你的门店上。你要思考如何能够有标准化流程，每个月都能做15万业绩，并且这种能做15万业绩的店能开个30家、60家、80家，这叫作模型复制思维。"

商业中有一个底层逻辑：不可复制的东西做不到规模化，

就不值钱。未来小而美的店越来越吃香，未来互联网要做连锁，做多家店好过一家单店、大店。既然未来的方向是小而美和多店连锁经营，那么店面模型就要越简单越好，因为复杂的东西都复制不了。

作为创始人，你的团队才是你最伟大的作品。懂得挖掘团队的才华，提炼每个人的智慧，将其总结成可复制的能力，才能不断提高企业运营标准，成为行业第一。

商业是江湖，江湖多草莽。草莽阶段，创业都是脚步快跑出来的，速度决定生死。可很多创始人都困在自己的认知里，对于90%的人来讲，缺的是商业认知而不是专业技能。创始人只有通过自我迭代来实现认知升级，不再沉迷于表象，能透过现象看本质，这样公司才能稳步上升。

2/团队软实力升维

很多美业老板在培训的时候，经常培训员工技法、销售，可是员工主动性不高，没有太多热情。其实，老板不仅要提升团队的基础能力，还要提升团队的软实力。

第一：富养团队，带团队揽世界入眼界

我做很多事情只是为了告诉我们团队的人：生活够苦了，

如果我们能让它甜一点，我就尽可能给团队带来快乐，所以我们的小伙伴都很畅快。

很多人想过富养自己的女儿、儿子，但是很少有人想过富养团队员工。如果你没有，那么你也不用奢望员工对你有太多的情感。情感这个东西是相互的，你有付出和给予，别人才能感受到这份爱，他才会回向给你。

我们每年必有两次大旅行，全中国大部分的地方，我们团队都去过了。小伙伴们心底的那份自信和从容来自他吃过客户没吃过的东西，见过客户没见过的东西，用过比客户更好的东西，去过客户没到过的地方。

所以，当客户跟他谈什么的时候，他会很镇定自若地告诉对方：我去过西藏，确实挺美的；我看过雪山，云南是挺好玩的；深圳湾一号三文鱼还可以吧，不是很喜欢。他体验过以后，在讲这些的时候，他眼神散发的自信完全不一样。所以我就想富养我的员工，给到他们自信的底气，现在我看到蓝蒂蔻的人都很自信。

视野太小，是因为见过的世面太少。

第二：用谈恋爱的方式爱你的团队，营造团队氛围

团队小伙伴经常问我："我怎么那么爱你？"其实这背后真实的原因是：很多女人这一生都在渴望着别人对自己的爱，从父母身上也好，从兄弟姐妹身上也好，从男朋友或老公身上也好，都没有找到自己想要的感觉。

那既然别人给不了你，你为什么不能给别人呢？我把自己当成男性的一方，用这种方式爱着我们公司这些女孩子。我平时跟所有员工相处就是这种感觉，我敢保证，你学会这种关系处理的方式，你的团队氛围会发生很大的变化。

一旦团队氛围发生很大的变化，整个公司的风气就会发生很大的变化。所有刚出来创业的人，在做事的时候能做好，他才有底气自己出来开店。但创业者若是不会做人，带不好团队，没有凝聚力，没有人格魅力，影响不了别人，团队带着带着就散了。

团队的氛围怎么营造呢？秘密就是用谈恋爱的方式和员工相处。把她当爱人，把她当情人，把她当女朋友。

如果你是男生，你刚开始追一个女孩子的时候会怎么对她？如果你是女生，你刚开始跟你最喜欢的男朋友见面的时候，

你会怎么对他？我们要把这种热情、感觉永远保持在团队之间。比如要记得谁过生日了，送他个小礼物；谁有什么心愿了，帮他完成；谁最近胖了瘦了，关注一下；她换了新发型，你注意到了，你去夸她，让她感觉在你身边就像掉到蜜里。

这样，一个人就会拼命地表现自己更多的美好，所以我们做老板的就需要拼命地看见员工的各种优点。可现实中，很多老板带团队来我这里上课，表情严肃，从头到尾就关注如何给员工设计KPI绩效，绩效提成该怎么分。这些重要吗？这些很重要，这些是标配。

但是除此之外，我没听过哪个老板问要不要带自己的团队去旅游，要不要组织一场团建。或者跟我说，他们家有一个员工是我的小粉丝，我能不能帮他录一段话送给他的员工，给员工一个惊喜。我没有遇到美业老板跟我提过这种事儿，但其实这种事儿也很重要，精神管理大于KPI。

在现在的时代，大家都会有压力、焦虑，生活枯燥，如果我们把工作活成生活，把工作变成生活，就不再枯燥了。

第三：以身作则，引领方向

团队很爱我，我也深爱着他们。我觉得团队每一个人都特别优秀，他们长得好看，所处的这个时代又好，我觉得他们的未来可以超越我。如果他们在20多岁的时候就能有一个人带他们，给他们明确的方向、明确的定位，他们每个人都会有不可思议的成长和变化。

我的人生是在31岁的时候才觉悟过来的，31岁之前思想很单纯，没有过多的人生思考，现在回想起来，我简直是浪费了我最好的黄金10年。如果我20岁来到社会，有一个像我这样的人带我，我觉得我30岁已经有不可思议的成长和变化，但我30岁才觉悟。

我在员工们20多岁的时候就让他们知道人生要有规划，要有目标，要发掘自己的天赋，要做自己热爱的事情。我觉得他们到30岁的时候都是公司老总。没有人想打工，每个人都想成为焦点，我觉得我的员工也是这样子的。

我开这么多家公司，完全是因为我希望每一个优秀的人未来都是一家公司的老总，而不是永远只在我的光环庇护之下。我希望我花5到10年把他们带起来，等他们羽翼丰满，就是他们每个人成为一家公司老总的时候。

我想把享受过的鲜花、掌声、舞台让每一个身边的人都享受一遍。所以我把他们一个个送上三天两夜课程舞台，看到他们不断成长，也是我的骄傲。

每个创业者都试图变强，在通往强大的道路上路径有很多。有人选择把自己打造成全能选手，靠人格魅力带领团队；有的人选择化繁为简，走小而美高效路线。但不管如何，每个创业者要翻越的最高山峰，就是自己。

虽然创业艰难，但是我们也能一路高歌，纵情向前。

3/ 行动力升维

　　每年都有大趋势，每年都有黑天鹅，但大多数人每年过得都不尽如人意，无法获得这个时代的红利。

　　即使你看到了这样的趋势，也从没有想过自己要如何顺势而为，到头来只能看机会从眼前一次次溜过。

　　很多创始人想做直播，从去年就开始想，想到今年还在犹豫；有些人还想做抖音，喊3年了，短视频都没有拍超过3条；还有一些人觉得自己很爱学习，可是一年外出学习也就一次。好的结果谁都想要，这一点无可厚非。但好结果最终谁能得到取决于谁真的想要。

如何判断谁是"真正想要的人"呢？答案是：看这个人的行动。

那些只是说说而不行动，或者给别人"指点江山"的人，并不是不想要，只是他们的欲望没有那么强烈。反观那些听到了就去思考，思考完了就去行动的人，他们才是真正想要，并且不得到就不罢休的人。那在这么一场"有限资源"的争夺战中，当然是更有求胜欲望的人获胜。所以如果你只是想想而没有行动，即便错过了，也不值得惋惜。

可怎么让行动力升维呢？

第一：做取舍，聚焦心之所向

你想要什么，必须有东西换。如果你想要，又不想拿什么换，这是不可能的。所以在我的生命里，我永远不可能有这种患得患失的感觉，我想当空姐，我愿意拿青春换；我想要这么好的事业，我就没有时间陪小孩，没有时间陪我老公，哪怕我为这件事情离婚了，也不会有任何抱怨，因为我在追逐事业的时候，我知道我想要一方面的成功，就可能要用另一方面的东西去换。

你怎么可能什么都想要，但又什么都不想付出呢？我想要一个好的身材，确实就没有办法享受碳水的快乐，我只能吃醋酸汁配生菜。长时间不吃碳水，情绪还会有一点点抑郁，但是我想要马甲线，我想要好的身材，那么我就能坚持下去。

面对取舍的时候，很多人总会问："我怎么才能两者兼顾？"往往让你脱离困境的问题是"我要的是什么？"，我会主动做出权衡取舍，成为自己行动的主宰，而不是听从别人的建议。

正如经济学家托马斯·索厄尔（Thomas Sowell）所言："所谓的解决方法是不存在的，有的只是取舍。"

商业巨著《从优秀到卓越》一书的作者吉姆·柯林斯曾得到过彼得·德鲁克的忠告：你要么创立一家伟大的公司，要么创造伟大的思想，但是鱼与熊掌不能兼得。吉姆选择了创造思想。正是缘于这种取舍，尽管现在他的公司里只有3个全职雇员，但他的思想却已经随着他的著作走进了千万读者的心里。

尽管有时取舍会给人带来痛苦，但这也代表着一个意义重大的机会。强迫自己权衡两者并战略性地选择那个对自己最有利的，就能极大地增加实现自己目标的机会。

我们的人生并不是什么都要，并不是如何完成更多的事情，而是要做好对的事情。我们把最重要的时间和精力投资在必须做的事情上，就能够不断地去贡献自己的价值。

第二：多践行，在实践里迭代

有学员问我做美业有什么建议给他，我唯一的建议就是不管你过往是干什么的，不管你过往的职位在哪里，今天放下身段，做美业就从一个学徒开始。只要你对自己足够狠，无论从什么年龄开始，都能拿到结果。我是30岁开始进美业，今年35岁拿到行业中的结果，超越了很多在美业干了一二十年的人。

创业充满挑战，如果等一切条件成熟了再行动，过于追求完美，是很难成功的。当你创建企业时，迭代速度可能才是成功的最佳良友。没有什么决定是完美的，而且大部分决定也并不会导致企业破产。每日以可操作的小步伐向目标挺进才是关键。

完美是进步的敌人。产品的第一次迭代可能会陷入困境，将产品推向市场、让测试者试用，才能让产品最终变成令今天的我们骄傲的杰作。没有反馈是不可能高效迭代的。所以我经常问自己："今天我们能做些什么让企业变得比昨天更好？"

我的团队转型成功后，我推向市场的第一个产品，3年迭代了6个版本，到现在我才认为它能稳稳地立于市场。但即使这样，以后还是要不断更新，因为完美对我来说是没有边界的。

其他老师只是想了想，而我会行动，行动有可能会失败，但是我不会留遗憾。

如果能充分吸取前人的经验，那么我们可以做得更好一些。但是，当一个道理呈现在我们面前时，如果只是随便听听，随意看看，我们获得的一瞬间启发很快就会被遗忘。如果不用实际行动去体悟，那么任何被动输入的启发，都无法在我们的成长过程中起到实质的作用。当你有些事情拿不定主意的时候，就照着不留遗憾的方向去思考，在实践中不断迭代。

第三：见高手，获得新知和顿悟

当我们不断去突破自己的视野，看到不同行业的高手，了解他们对特定难题的解决方案，会给我们意想不到的启发。我会在深夜一遍遍看我的偶像埃隆·马斯克的专访，看到心潮澎湃，看到夜不能寐，看到眼眶湿润。

埃隆·马斯克曾有个采访，对方问他创业的状态是什么？他说他之前一天可能工作18小时，每天醒来就是工作，他那个时候是为了脱贫，现在他是世界首富了，还是这个工作状态。他的逻辑是什么？他一周工作的时间是200小时，正常人一周工作40小时，他一周做了别人5周的工作，这样积累的工作量就很吓人。

所以他能管理9家公司，而且这9家无论哪一个拿出来都特别强。特斯拉已经让我们顶礼膜拜了，可特斯拉还是他9家公司中最没有技术含量的一家公司。他的SpaceX公司，即太空探索技术公司，能够造火箭，还能够回收火箭；再比如Solar City公司，是一家绿色能源电力公司。每一家公司都极具创造力，还管理得很好，这也和马斯克长年累月高强度工作有关。

他以巨资收购了推特，他说自己整晚都待在推特的旧金山总部，马斯克的工作量从每周大约78小时增加到120小时。2022年11月16日，马斯克向推特员工发了一封邮件，要求他们承诺能够长时间高强度工作，否则接受遣散费走人。马斯克睡在推特总部的时候说："我会在这里工作和睡觉，直到推特被改造好。"

看到他不断地创造世界级价值，我也在不断问我自己：我做这件事的价值和历史性意义是什么？当我发现我的出发点是做好这件事能给行业带来更大且积极的推动作用，那我就会吸收行业给我的力量；如果我做一件事，出发点是这件事做好了，能在一定程度上推动社会和时代的进步，那我会感受到时代给我巨大的能量回流；如果我是为了改变人类命运和探索宇宙，那我会获得更高维度给我的能量回流！

出发点越大，能量越大，所向披靡。我的内心感受到马斯克为什么是马斯克，我知道这个神奇的男人为什么能有异乎常人的头脑。他的出发点，是想要为人类提供更好的生活，这就决定了他拥有更高层级的灵感和智慧！

很多时候，看到他处理问题的方式后，那些困扰我的难题似乎也迎刃而解。爱因斯坦曾说，疯狂就是重复做同样的事情，却期望得到不同的结果。如果要解决自己的问题，需要你经常向外看，答案在别处，答案在高维，其他领域的高手会给你答案。有句话说得非常好，"你的顿悟只是别人的常识"。每一次在解决问题的时候，我们都要思考有没有更好的方案。

只会耍嘴皮子的人，永远都会输给脚踏实地做事的人。这个世界总体说来还是公平的。只要你愿意付出努力，它就会给你相应的回报。

　　我喜欢酣畅淋漓体验生命的过程，我很庆幸我的行动力刚好配得上野心。

　　就像导演北野武所说："虽然辛苦，但我还是会选择那种滚烫的人生。"

4/ 互联网能力升维

现在很多之前带团队的美业管理人，因为不会搞流量而迷茫焦虑；有些人做了很多流量却发现变现价值不高，空有一群大将，却无处发挥。

我们再来看看行业现状，先看一组数据：2022中国生活美容行业发展报告显示，美业市场规模约有8000亿元，而线上转化率仅为3.5%，在数字经济的助推下，预计到2025年，线上转化率将提升到9.69%。

这段话其实很值钱，从3.5%提升到9.69%，线上美业市场简直是一片蓝海。可美业人太不懂互联网了，很多美业人连剪映软件都不知道。

美业行业人的互联网能力太需要提升了，之前我们公司报名抖音运营课，全公司的人听好几遍才能听懂，因为对于这些手艺人来说，真心觉得很复杂。通过这些数据和现状，大家要看到的是机会，如果你此时再不进来，互联网的门槛只会越来越高。

如何提升互联网能力呢？

1.互联网IP形象力

你需要思考的是你的客户是什么人，他们喜欢什么样的形象，你就变成什么形象；他们喜欢你穿什么衣服，你就穿什么衣服，不是你想穿什么衣服就穿什么衣服，你的客户定位跟你的互联网形象必须相互匹配。

在塑造IP形象力的时候，要传递的是时尚潮流，是美的感受，当你能够多维度提升线上IP形象力的时候，你就是流量的源头。

2.镜头表现力

大部分人都是有镜头尴尬症的，它虽然不会影响你的身体状况，但是在视觉营销的时代，你就是财富的绝缘体。

你本身有内涵、有知识、有爱心、有初心，但你就是没有办法在直播间体现出来，没有对象感，你不展示你的魅力，就很难吸引流量进来。

很多学员喜欢蓝蒂蔻的表现风格，觉得我们拍的视频更有感染力，也觉得我们拍的照片更有表现力，其实这些完全是不断训练出来的，你也可以通过专业的训练，不断地提升自己的镜头表现力。

3.流量变现力

流量的重新分配，决定了财富的重新分配。最重要的流量问题没解决，就不能开新店。如果你能够把线上流量打通，你开在哪都能赚钱，如果你现在流量打不通，你就别开店了，躺赢对你来说是最好的选择。

怎么获取流量呢？很多人都会先思考如何获取流量，可是正确的逻辑是要先思考如何变现，以终为始地围绕变现的逻辑去思考流量。抖音是获客平台，爆款通常是不怎么赚钱的，团单也只是引流项目，真正赚钱的是专注你所在领域的垂类梳理品项和用户。

4.视觉营销力

视觉营销是你接下来根本躲不掉的环节，卖产品的渠道和窗口变了，线上抖音是我们获取流量的重要窗口。

在这个互联网时代创业，一定是那种胆子大、敢尝试的人才能得到利益，过于保守，躺在舒适圈，在这个时代是非常吃亏的。创始人要通过各种方法来展示自己，展现品牌、个人观念、初心，将信息都展现在你的短视频里，以吸引流量。视觉营销，不仅是一场视觉的战争，更是一场营销的战争。

要围绕自己的战略定位，拍摄出高级感。

5.直播能力

一定要做直播，一定要做短视频，如果你把这句话听进去了，你就有可能多出十几万、几十万，甚至更高的收入。

我们要不断地跟着时代的趋势去学习，从"你找客户"向"客户找你"转化，学习构建全新的消费场景。你需要把全网直播缩小到同城直播，再把线上卖很多货的目标转换成到店率，用同城直播来吸引目标顾客到店，提高线下销售额。

2023年，美业正式进入本地广告营销市场抖音同城，所以2023年美业的抖音同城是最大的风口。我带领学生赶上风口，赚到钱，现在学生可听我的话了，每天播一小时，带员工播一小时，在线上卖团单，每天都能卖一万多的团单。

我的助理从入职一直跟着我做直播，她发现我从七月到八月，已经连续30天没有休息过了，每一天都是从早上8点到晚上12点。她看我回来还要赶直播，直播的时长一般都是3小时，并且是在讲完3天的交付课后，还要做直播，她觉得我很辛苦。

她来这里一个多月，看到我30天没休息，如果她是去年来的，就知道我已经两年没有休息过了。虽然我在全网有几百万粉丝，但是我依然不敢懈怠。

综上所述，50年一次的商业大变局已经到来，在你看不到的地方，中国的美业创业者正处在百年未有的重大商业模式革新期。谁能解决流量问题，谁就能解决生存问题。流量解决活下来的问题，经营管理解决做多强的问题，人才管理解决做多大的问题。

5/ 战略升维

很多美业老板认为公司做强做大了，才需要有远大目标。他们觉得开一个小店，赚钱就够了，天天喊口号，喊得自己都不相信，太虚伪。这是一个认知误区，正是因为你不够大，你才要拥有大梦想，这样才能吸引别人，留住别人。

作为一个老板，你不仅需要有梦想，还需要拥有大梦想。巴西私募股权巨头3G创始人莱曼曾说："做一个大梦和做一个小梦需要同样的能量，为什么不做一个大梦呢？"所以，你要跟你的员工喊出你的梦想，喊出你的实力。

我曾经花了22.8万让别人教我怎么做企业文化，刷完钱我觉得被骗了，老师就给我写了几行字，还告诉我要喊。我刚开始喊的时候，觉得喊不出来，吹牛也没有这么吹的。老师就告诉我，所有伟大的公司都是这样的，你听话照做。所以我再开一家小店的时候，就天天带着两个员工喊口号。

创业6年来，蓝蒂蔻早会、晨会、月会、中会，所有会议前先喊公司的企业文化，喊完了再谈接下来的事情。我发现每个人刚开始都有点害羞，喊到后面它就变成一种深入骨髓的力量，连公司的保洁阿姨都充满了动力，她觉得这个公司是为了伟大而存在的。

你会发现当人实现了财富自由后，生命最终追求的是价值感。我每次看到公司的人在喊我们使命的时候，都特别感恩自己这一路走来的每一个选择。

无论是谁去我们公司参观，从团队氛围到薪酬体系再到股权，每个人都觉得很棒。蓝蒂蔻也是各个领导参观的标杆企业。

所以，我觉得吹牛和梦想的定义，不是去判断能不能实现，不是去判断口号喊得大不大，而是判断这个人喊出一个很大的口号以后，他每天在做什么。

梦想不是口头上的，我认为，如果达不到以下三个基本要求，梦想就只是空想。

首先，是否为梦想付出过长期的努力。你今天状态的呈现是你过往三年每一天的总和，而你想要一个全新的结果，就来自从今天起的每一天你做什么，到三年后才会有结果。除了变美、赚钱、变强，剩下任何与这三件事无关的事情，你都应该做好断舍离。你的时间规划得越好、越聚焦、越细，你就会越快拿到结果。

其次，是否为梦想倾尽所有。人与人之间的差距只来自时间规划，97%的人智商都差不多处于平均值水平。有很多同学说4年前跟我坐在一个教室里戳眉毛，4年后却坐在台下听我讲课。

为什么短短4年时间，我们拉开了这么大的差距？这里最重要的一点是我们的时间是否放在正确的事和正确的人身上。这个世界是公平的，给了我们大部分人差不多的大脑、差不多的身体。我们每个人每天都只有24小时，但最终的差距就来自你如何运用这24小时。所有有结果的人都是时间管理大师，都是人间大清醒，都是绝对不把自己的每一分每一秒时间浪费在任何没有价值的人和事上。

再次，你是否为梦想放弃过其他的机会。我们的人生并不是什么都要，并不是完成更多的事情，而是要做好对的事情，我们把最重要的时间和精力投资在必须做的事情上，就能够不断贡献自己的价值，达到个人贡献的峰值。

人生就是无数个选择的集合，而选择是一种战无不胜的力量。很多人把太多时间用来做事，很少用更多时间来甄别什么事情是重要的。所以，我们需要尽可能花更多时间去探索、倾听、辩论、质问和思考，去关注真正重要的事情，并不断地问自己："如果我们只能在一件事情上做到出类拔萃，那将会是一件什么事情？"

每个人的取舍里都会体现他的价值观，他最关注的是什么。很多人觉得我睡觉很晚，可是我知道，我在用更多的时间去交换我想要的成长；兜里只有80万的时候，我凑了128万去交学费；周末应该陪孩子的时间，我依然在公司上班，我有两年直接住在公司里，春节都没有回家；很多人觉得我很精致，是因为我用了两小时来化妆……

如果你关注你生命中最重要的事情，持续去围绕这件事情去深耕，你就会有更多的贡献，但是如果你找不到那件重要的事情，而是不断地被各种声音淹没，那就容易失去自己，陷于焦虑和迷茫。

长期地努力，全力以赴，为梦想放弃其他机会，我的员工也是感受到了我身上的这种状态，觉得老大说到做到，所以他们就相信老大说的每句话，相信才有相信的力量，你的员工相信你，你才会被祝福。

如何把你的大梦想落地，实现战略升级呢？

1.定标：成为行业第一

战略是从A点到B点。定标则是找到一个足够高远，足够有持续驱动力的B点，定一个高远的目标。

什么目标才谈得上高远？成为行业第一。如果做服装，就做世界级的服装；如果做美发，就做世界级的美发；如果做医美，就做世界级的医美。

定标的目的是解决三个问题：我是谁，我要成为谁？我在哪儿，我要去哪儿？我要飞多高，飞多远？

我的梦想是把"蓝计划"打造成中国美业的沃顿商学院。在整个美业，没有厉害的商学院，只有很多产品培训机构。而我办美业商学院的初心是自己创业失败后，发现没有学习创业，就像没系安全带就开始跳伞一样。后来我花了400多万的学费，知道怎么开一家公司，怎么火在流量，赢在后端，成在全局，我也发现身边很多美业人真的只有手艺和勤劳，不会做商业。

所以我就想把它变成一门课，把我学会后拿到结果的内容教给他们，让他们创业的时候少走弯路。

2.对标：找到行业第一

对标即找到行业第一做"竞争"对手。如果说定标是海市蜃楼，对标则是平地起高楼。一旦"显化""实化"目标，公司就有借鉴的标准。比如我们想做一家聚焦做商业培训的美业商学院，对标的是美国沃顿商学院。

1881年，美国费城的第一个商学院沃顿商学院正式成立，他的创始人是约瑟夫·沃顿，他曾经是美国非常著名的企业家，他通过镍矿公司和钢铁公司拥有了巨大的财富。在他55岁那一年，因为他没有结婚，也没有孩子，他感觉他这一生的商业智慧和结果就要随着他一起离开这个世界，他觉得非常遗憾，于是他把自己的钱、财富和智慧全部捐给了宾夕法尼亚大学，创办了沃顿商学院，这是美国第一家专门教别人如何经营企业，如何做商业，如何做生意人的学校。

截至目前，全球40%的世界500强创始人都毕业于该商学院。由此可以证明，商业是一门科学，必须经过专业系统的训练。

3.标准：学习行业第一

标准即找到行业第一后，向行业第一学习，学习行业第一的标准。你用什么标准，世界也会用你的标准来爱你。

在创业的这几年，有很多人找到我要与我合作，在他们绘声绘色地展演商业模式的时候，我很清楚只要选择这个项目就可以至少变现几百万，但通常我都会拒绝他们，因为看似完美的变现路径，总是感觉差一点什么，其实就是没有找到纯粹的价值。

我常在思考：这个项目究竟能帮助行业什么？因为商业不是单纯的财富腾挪，而是提供价值。做商业是思考清楚到底解决了什么问题，是否优化了行业，是否给到了客户价值，解决了什么社会问题。

商业是向善，不要把消费者当猎物，要把他们当作我们爱和保护的人，去思考做什么能爱他们，能保护他们，这才是你的商机、你的核心竞争力。好的商业有且只有一条标准，那就是是否在创造真正的价值，这个价值是否有利于社会的整体繁荣。

如何坚持价值主义思维呢？因为你所有的优势都可能被颠覆，所以你一定要保持进化，这样才能不断地增强企业的竞争力。

4.缺什么补什么：变成行业第一

创业时，做错一点，你可能就失败了，比如你没有做流量的能力，你的资源匮乏了，你可能会失败，比如你没有领袖力，你的格局很小，影响不了别人，团队分崩离析，你也做不久。失败可能只需要做错一个节点，但成功需要每个节点都做到80分以上。

公司定位的方向是不是80分以上的好赛道；公司的股权架构是不是整合了跟你比较匹配的优秀股东，在一起评分有没有80分以上；公司整体的薪酬体系是否健康、健全并能够驱动你的员工在80分以上；公司的品项设计是否健康，能够自动化运转，有没有做到80分以上；身为一个有野心的领导人，你的口才、情商、智慧是否综合能力在80分以上，能让员工崇拜？

也许你会觉得创业当个领导人太难了，要学这么多，做不到怎么办？可是创业本来就是一条难走的路，受更多的苦难，就是要考验你的综合能力，别人一天睡12个小时，你只能睡6个小时，因为你方方面面都要学习，都得足够优秀。

企业家的关键智慧就是无中生有：不是有多少资源做多大事，有多大本事做多大事，而是缺什么补什么。缺人找人，缺钱找钱，缺技术找技术，缺管理找管理。

我从一个纹绣店做到今天的集团公司经历了6年，而我今年才37岁，我要干到80岁，还有40多年可以努力，我觉得我的未来不可限量。

所以不要觉得自己不行，一切才刚刚开始，短暂的倒下和失败根本不算什么，失败了之后，找到原因，找到好的方法，再次起来。我们不一定要做一个成功的创业者，但我们要做一个勇敢的连续创业者。

后记

美业人的使命

　　每个创业者身上都应该有一种使命感，为最好的自己、为挚爱的家人！

　　文化复兴是一个民族的自信，美学复兴是一个民族的品位，作为一名美业人，追求极致的内外兼修是一个人给自己生命的最高礼物！

　　我的脸庞经历过无数次的医学手段和美学设计，很骄傲地看到时光没有在我的脸上留下过多的痕迹，我用医学的手段、美学的设计去和我的人生做了一场对话!

我的大脑经过无数次学习和刻意练习,智慧为我的生命增添了无数的精彩体验。我用系统学习和不断地自我挑战与我的人生做了一次较量!

我相信智慧与美貌相融合的时候,那便是我们生命的高光时刻,也是生命重新出发的开始。生命有尽头,但对美好生命的追逐永无尽头!

我们每个美业人,都应该把我们自己的生命当作最完美的作品去雕琢,不断地精进我们的美学认知、提升我们的智慧修为,用我们的生命去影响更多生命!